FRANZ KAMPHAUS
Gott ist kein Nostalgiker

FRANZ KAMPHAUS

Gott ist kein Nostalgiker

Anstöße für die Fasten- und Osterzeit

HERDER

FREIBURG · BASEL · WIEN

Zugunsten des Bischöflichen Hilfswerks MISEREOR

Bibelzitate nach: Die Bibel. Die Heilige Schrift des Alten und Neuen Bundes (Herder-Übersetzung), Freiburg 2005

Satz: post scriptum Typografie & Fotografie, Emmendingen
Herstellung: fgb · freiburger graphische betriebe
www.fgb.de

Printed in Germany

ISBN 978-3-451-33329-3

INHALT

Aschermittwoch

Gott, der Herr, bildete den Menschen aus Staub von dem Erdboden und blies in seine Nase einen Lebenshauch. So wurde der Mensch ein lebendes Wesen.

GENESIS 2,7

Gott schuf den Menschen nach seinem Bild, nach dem Bild Gottes schuf er ihn, als Mann und Frau schuf er sie.

GENESIS 1,27

Ist dies nicht ein Fasten, wie ich es liebe: Ungerechte Fesseln öffnen und des Joches Stricke lösen, die Bedrückten frei entlassen und jegliches Joch zerbrechen, dein Brot dem Hungrigen brechen und arme Obdachlose aufnehmen in dein Haus?

JESAJA 58,6f

Nur Asche?

Was ist der Mensch? Das ist die Frage, die Menschen seit eh und je umtreibt. Die Bibel stellt sich ihr gleich auf den ersten Seiten. Ganz nüchtern wird in der zweiten Schöpfungsgeschichte gesagt, woher wir kommen. Der Stoff ist »Staub von dem Erdboden« (Gen 2,7), nicht himmlisch, sondern irdisch, von der Erde aufgehoben wie aus dem Nichts. – Staub zu Staub, Erde zu Erde, Asche zu Asche ... Die Liturgie wird hier mit dem Aschenkreuz sehr direkt, hautnah.

Was ist der Mensch angesichts der Unendlichkeit des Universums: immer neue Milchstraßensysteme, Millionen und Abermillionen Sterne ... Wie hat sich uns die Welt ins Grenzenlose gedehnt. Eintagsfliegen sind wir, die in den Jahrmillionen für eine Sekunde auf einem Stäubchen im Universum auftauchen, um sofort wieder unterzugehen. Was ist der Mensch? »Ein Nichts gegenüber dem All, ein All gegenüber dem Nichts«, sagt der große Christ und Naturwissenschaftler Pascal am Beginn der Neuzeit. Ein Nichts gegenüber dem All – das können wir nachvollziehen. Aber: ein All gegenüber dem Nichts?

Man könnte meinen, wir seien null und nichtig, würden wir nicht Gottes Geist empfangen, seinen Lebensatem (vgl. Gen 2,7). Erst so kommen wir zu uns selbst. Die erste Schöpfungserzählung bezeugt das auf andere

9

Weise: »Gott schuf den Menschen nach seinem Bild, nach dem Bild Gottes schuf er ihn, als Mann und Frau schuf er sie« (Gen 1,27). Der Mensch ist nicht einfach nur Gottes Werk, er ist Gottes Abbild. Sein Gesicht bekommt er nicht, indem er in den Spiegel schaut und sich selbst reflektiert, sondern indem er von Gott angeschaut wird. Dadurch bekommt er Ansehen, Würde. Das Geheimnis des Menschen gründet im Geheimnis Gottes. Gottebenbildlichkeit – das ist eine revolutionäre Aussage. Sie hat Geschichte gemacht. Es sind eben keine Gestirne oder Statuen, die als wirkmächtige Repräsentationen Gottes in der Schöpfung aufgestellt sind, auch keine Priester und Könige. Der Mensch ist es, jeder Mensch, Adam und Eva, Mann und Frau. Das ist der Angelpunkt der Menschenwürde. Personalität, Freiheit des Menschen und die Gleichheit aller sind hier begründet. Kann man Größeres vom Menschen sagen? Christen lassen sich von niemandem darin übertreffen, groß vom Menschen zu denken. Die Menschenwürde ist nicht unser Werk. Wir sprechen sie uns nicht zu, und wir können sie uns auch nicht absprechen. Sie ist »unantastbar«, weil Gott ihr Urheber ist und ihr Garant.

Fasten

Das Evangelium erzählt, wie Jesus in der Wüste fastet und vom Teufel versucht wird: »Befiehl, dass diese Steine Brot werden« (Mt 4,3). Jesus widersteht der teuflischen Versuchung, mit einem Zauberwort das Problem des Hungers aus der Welt zu schaffen. Er setzt auf die Möglichkeit des Menschen, sich zu ändern und dadurch Veränderungen in der Welt herbeizuführen.

Viele fasten heute, um gesund zu bleiben oder besser auszusehen. Christliches Fasten greift weiter aus. Es erschöpft sich nicht in privater Askese. Es ist immer auch eine soziale Tat, die verhindern kann, dass wir uns in den kleinen Maßstäben unserer eigenen Bedürfnisse einrichten. Es stellt uns an die Seite der Armen und Entrechteten. So sagt der Prophet Jesaja: »Ist dies nicht ein Fasten, wie ich es liebe: Ungerechte Fesseln öffnen und des Joches Stricke lösen, die Bedrückten frei entlassen und jegliches Joch zerbrechen, dein Brot dem Hungrigen brechen und arme Obdachlose aufnehmen in dein Haus?« (58,6 f).

Jesus widerstand der teuflischen Versuchung zu schnellen Lösungen, er setzte auf die Bekehrung der Menschen. Er lehrt uns, die Welt mit den Augen der Opfer zu sehen.

Immer so weiter?

Lange Zeit haben wir gedacht: Es geht alles so weiter. Die Sonne scheint, die Wirtschaft läuft, der Rubel rollt, die Pflanzen schießen üppig ins Kraut – und die Bäume? Auf einmal mussten wir feststellen: Die Nadeln rieseln, die Blätter fallen, nicht nur im Herbst. Wir stehen im Regen, im sauren Regen. Just in dem Moment, in dem wir denken: Die Bäume wachsen in den Himmel, beginnen sie zu sterben. Ein Zeichen der Zeit? Das Loch im Himmel (das Ozonloch) bedeutet für viele die Hölle auf Erden. Da stimmt doch was nicht. Weiter so? Wenn's so weitergeht, dann geht's bald nicht mehr weiter.

Die Entwicklung neuer Formen einer »asketischen Kultur« (C. F. von Weizsäcker) entscheidet wesentlich mit über die Zukunft unserer Gesellschaft und der Erde. Tragen die Kirchen zu Kultivierung der Askese bei? Bilden sie ein Gegengewicht zu wirtschaftlichen Interessen? Oder sind sie selbst so sehr darin verwickelt, dass sie zu zukunftsweisenden Alternativen unfähig geworden sind? Reproduzieren sie nur die gängigen gesellschaftlichen Verhaltensmuster? Die Welt braucht keine Verdoppelung ihrer Hoffnungslosigkeit durch Religion. Sie braucht und sucht das Gegengewicht gelebten Verzichts.

Anders leben

Ein Hungerkünstler« – so heißt die Erzählung Franz Kafkas, die er als letzte veröffentlicht hat. Sie trägt deutlich autobiografische Züge. Der Hungerkünstler hat große Zeiten erlebt. Die sind vorbei. Hungern ist uninteressant geworden. Der Wohlstand ist ausgebrochen. Die Massen rennen achtlos am Hungerkünstler vorbei zu den großen Tieren im Zirkus, denen die Freiheit »irgendwo im Gebiss« steckt. Der Mann mit seiner Kunst, den Hunger wach zu halten, wird vergessen. Nach langer Zeit entdeckt man ihn zufällig beim Aufräumen. Erst im Zwiegespräch kommt heraus, was hinter seiner eigentümlichen Kunst des Verzichts steckt. Er hungert, »weil ich hungern muss, ich kann nicht anders«. – »Warum kannst du denn nicht anders?« – »Weil ich nicht die Speise finden konnte, die mir schmeckt.«

Der Hungerkünstler ist konsequent. Er lässt sich nicht mit Fastfood abspeisen. Sein Geschmack ist ausgeprägt, nicht käuflich. Was auf dem Markt der Waren und Meinungen zu haben ist, befriedigt ihn nicht. Lieber will er mit großen Hoffnungen hungern und dürsten, als dass er sich mit Banalitäten volllaufen und unter Konsumgütern begraben ließe.

13

Erste Fastenwoche

Danach wurde Jesus vom Geist in die Wüste geführt, um vom Teufel versucht zu werden. Nachdem er vierzig Tage und vierzig Nächte gefastet hatte, bekam er Hunger. Da trat der Versucher an ihn heran und sagte: Wenn du Gottes Sohn bist, so befiehl, dass diese Steine Brot werden. Er antwortete: Es steht geschrieben: Nicht vom Brot allein lebt der Mensch, sondern von jedem Wort, das aus dem Mund Gottes kommt.

Darauf nahm ihn der Teufel mit in die Heilige Stadt, stellte ihn auf die Zinne des Tempels und sagte zu ihm: Wenn du Gottes Sohn bist, so stürze dich hinab. Denn es steht geschrieben: Seinen Engeln wird er deinetwegen Befehl geben und sie werden dich auf den Händen tragen, damit dein Fuß nicht an einen Stein stößt. Jesus antwortete ihm: Es steht auch geschrieben: Du sollst den Herrn, deinen Gott, nicht versuchen.

Wieder nahm ihn der Teufel mit auf einen sehr hohen Berg; er zeigte ihm alle Reiche der Welt und ihre Herrlichkeit und sagte zu ihm: Das alles will ich dir geben, wenn du niederfällst und mich anbetest. Da sagte Jesus zu ihm: Hinweg, Satan! Den Herrn, deinen Gott, sollst du anbeten und ihm allein dienen. Da verließ ihn der Teufel und Engel traten hinzu und dienten ihm.

MATTHÄUS 4,1–11

Eine teuflische Versuchung

Das Evangelium erzählt, wie Jesus vom Geist Gottes in die Wüste geführt und vom Teufel versucht wird: »Nachdem er vierzig Tage und vierzig Nächte gefastet hatte, bekam er Hunger. Da trat der Versucher an ihn heran und sagte: Wenn du Gottes Sohn bist, so befiehl, dass diese Steine Brot werden ...« (Mt 4,1–3).

Jesus hat nicht zum Schein gehungert. Vierzig Tage und vierzig Nächte ohne Nahrung – das geht an die Existenz. Ohne Brot in der Wüste kommt er in größte Versuchung, den leiblichen Hunger und seine Sättigung als das alles beherrschende Ziel im Leben anzusehen; nur noch zu denken: Der Mensch will leben, und um zu leben, muss er essen; nur noch zu meinen, dem Menschen sei schon geholfen, wenn er mit beiden Händen zugreifen kann. Jesus war beinahe so weit zu denken, das tiefste Mitleid mit der Not des Menschen zeige sich darin, ihn satt zu machen; seine göttliche Sendung bestehe gerade darin.

Das ist *die* Versuchung, im Menschen nur noch eine bedürftige, geschundene, hilflose Kreatur zu sehen, die nichts als Brot will und sich dann zurücksehnt in den animalischen Frieden. Eine teuflische Versuchung; denn es ist teuflisch zu meinen, das Brot allein habe es in sich, den Menschen zu sättigen. »Der Mensch lebt nicht allein vom Brot ...«, das vom Bäcker kommt, nicht allein vom Brötchen zum Frühstück und vom Kotelett zum Mittag. Der Hunger nach solchem Brot ist nur für wenige Stunden zu sättigen, er erwacht neu mit periodischer Gesetzmäßigkeit. Der Mensch kann seine Bedürftigkeit für Stunden zudecken. Wenn er dann gegessen und geschlafen hat, wird er fragen: »Was nun? Ist das alles? Das soll alles sein?« Das kann doch nicht alles sein. Der Mensch ist zu groß, als das er sich in sich selbst und in dem, was die Erde ihm bietet, seine Erfüllung findet. In allem ist etwas zu wenig. Gemessen an der menschlichen Sehnsucht ist das, was die Erde bietet, wie die Steine in der Wüste. Es wäre teuflisch, sie zu Brot zu erklären, das Vorläufige als das Endgültige auszugeben.

»Befiehl, dass aus diesen Steinen Brot wird.« – Jesus lehnt ab: »Der Mensch lebt nicht allein vom Brot«, sondern von jedem Wort, das aus Gottes Mund kommt. Er lebt davon, dass Gott sich ihm zuwendet und ihn anspricht. Was ihm im Tiefsten mangelt, ist Gott. Deshalb gibt es kein größeres Erbarmen, als den Hunger des Menschen in Gott zu stillen. Gott allein genügt.

Gott – kein Beweismittel

In der zweiten Versuchung, der mit dem Tempelsprung (Mt 4,5–7), geht es nicht um eine Schau. Es geht um die Frage, ob das Verhältnis zu Gott, auf das Jesus baut, tatsächlich trägt. Wie will er es wagen, in seinem Namen zu verkündigen, zu leben und zu sterben, ohne dass er weiß, dass Gott ihn hält. Er muss doch etwas vorzeigen können. Wer keine Beweise in den Händen hat, wird es kaum wagen können, seine Stimme zu erheben.

Jesus lehnt ab. Gott lässt sich nicht als Beweismittel missbrauchen. Man kann mit ihm nicht experimentieren, man kann sich nicht absichern wollen. Solch garantierter Glaube wäre in Wirklichkeit Unglaube.

Es ist wie bei Menschen, die sich lieben. Da sagt der eine zum anderen: Ich möchte ganz dein Eigen sein. Immer will ich mich für dich einsetzen, immer will ich zuerst fragen: Was ist gut für dich? – Das alles wird von Grund auf verkehrt, wenn der andere mich einfach als sein Eigentum betrachtet; wenn er das freie Versprechen, ihm zu gehören, in ein Verfügungsrecht verkehrt. Dann belügt er sich selbst, indem er die Liebe, die sich ihm nur in Freiheit schenken kann, wie eine platte Gegebenheit verrechnet.

Vor wem gehe ich in die Knie?

Die dritte Versuchung (Mt 4,8–10) verspricht ein glänzendes Geschäft: für einen Kniefall die ganze Welt! Wie viele Kniefälle sind gemacht worden und werden gemacht für kleine und große Pöstchen und für Publicity. Vor wem gehen wir in die Knie?

Jesus lehnt das Angebot des Teufels klar und entschieden ab. Er begründet das mit dem Gehorsam Gott gegenüber. Gehorsam – das ist nicht ungefährlich. Alle kleinen Hitlers haben sich auf den Gehorsam berufen, vielleicht mit »reinem« Gewissen, denn sie hatten ihr Gewissen nie in Anspruch genommen! Entscheidend ist, wem man gehorcht, vor wem man in die Knie geht. Jesus möchte die Welt von Gott her verstehen. Er fragt nach dem Willen Gottes.

Man kann sich der Dinge auch anders bedienen, die Welt ohne Gott interpretieren. Wein schmeckt auch ohne Gott. Was wir konsumieren, hat den gleichen Nährwert mit und ohne Gebet. Weshalb halten wir am Verständnis des Lebens und der Welt von Gott her fest? Es passiert uns nichts, wenn wir es nicht tun. Vielleicht werden wir nur eine Erfahrung machen: dass wir so sein werden wie Gott. Eine alte Erfahrung! Schon Adam und Eva haben sie gemacht. Wer aufhört, Gott zu dienen, ist in Gefahr, Gott zu spielen.

Wüste

Die Wüste ist nicht von ungefähr der Raum der Versuchung. Sie ist ein Ort der Wahrheit, der nackten Wahrheit. Mit ihrer trockenen Hitze schält sie den Lebewesen alles Überflüssige vom Leib, bis nur das zum Leben Unerlässliche bleibt. Sie ist der Ort unverstellten Lebens; denn hier ist nichts mehr als die eigene Existenz unmittelbar vor Gott. Die Wüste, sagen die Araber, ist der Garten, in dem Gott spazieren geht.

Man kann sich die Zeit zum Wüstenaufenthalt nicht selber wählen. Die Evangelisten betonen, dass Jesus vom Geist Gottes in die Wüste geführt wird. Man kann diese »Auszeit« nicht erzwingen. Sie kommt, wenn die Zeit reif dafür ist. Man geht nicht von selbst in solche Wüsten, sondern wird hineingeführt. Und man kommt anders heraus, als man hineingegangen ist. Wer nicht ausdrücklich »durch den Geist« in die Wüste geführt wird, bleibt entweder nur ein flüchtiger Tourist im Niemandsland, oder er endet in seiner persönlichen Eigenmächtigkeit. Nur im Vertrauen auf die Führung Gottes kann man die Zone des Schweigens und die Auseinandersetzung mit dem Satan bestehen. Die Wüstenväter wissen ein Lied davon zu singen.

Sich aushalten

Kennen wir uns eigentlich selbst? Das Nächstliegende ist vielleicht das Allerschwierigste: sich selbst zu finden und auszuhalten; sich ohne Verstellungen und Ablenkungen von Angesicht zu Angesicht gegenüberzutreten. Albert Camus sagt: »Spätere Generationen können unsere Zeit hinreichend mit zwei Wörtern kennzeichnen: Der moderne Mensch hurte und las Zeitungen ...« Er geht fremd, er ist nicht bei sich. Um die Wahrheit des eigenen Lebens zu ergründen, müssen die fremden Stimmen schweigen. Nicht das entscheidet, was die anderen meinen und raten, loben und tadeln, sondern was wirklich in uns liegt.

Eine persische Geschichte erzählt von einem Hund. Der läuft in der Wüste, dem Verdursten nahe, um sein Leben. Schließlich stößt er auf eine Oase. Er beugt sich über das Wasser, um zu trinken, sieht sein Spiegelbild, erschrickt und nimmt Reißaus. Doch der Durst treibt ihn zur Oase zurück. Wieder sieht er sich selbst und flieht. In seiner Verzweiflung kommt er ein drittes Mal zum Wasser, sieht sein Bild, springt ins Wasser und wird gerettet. – Man kann in der rettenden Oase Gott angedeutet sehen, in dem wir angenommen sind und zu uns selbst kommen – als Ebenbild Gottes.

Gott – ein Fremdwort

Es ist deutlich zu spüren, dass Gott heute für viele Zeitgenossen ein Fremdwort geworden ist. In der Öffentlichkeit wird er allenfalls noch bei feierlichen Anlässen erwähnt. Unsere Welt wird wie selbstverständlich ohne Gott geplant und gestaltet.

Ist Gott nicht auch im Bewusstsein und in der Praxis der Kirche an den Rand geraten? Das hat Jesus anders gewollt. Gottes Herrschaft hat er gegenüber allen menschlichen Autoritäten unnachgiebig zur Geltung gebracht. Stattdessen beschäftigen wir uns heute vor allem mit Kirchenfragen. Sie können uns so sehr in Anspruch nehmen, dass wir Gott dabei aus den Augen verlieren.

Dann reden wir schließlich vom Inventar und vergessen das Haus, in dem die Möbel stehen. Oder wir reden über das Haus, als sei dieses selber auch ein Möbelstück. Wir machen Gott zu einem Gegenstand der kirchlichen Inneneinrichtung und vergessen, dass er der ist, »in dem wir leben, uns bewegen und sind« (Apg 17,28).

Eigentlich können wir gar nicht »über« ihn reden. Wir können allenfalls zu ihm rufen, stammelnd von ihm sprechen – unter ihm stehend, wie man in einer Kirche unter dem Gewölbe steht und nur im Ausschreiten des Kirchenschiffes den Raum selber erfahren kann.

Den Menschen vor sich selbst schützen

Sie denken vielleicht: »Wir glauben ja alle an einen Gott ...« An welchen Gott glauben wir? Wen meinen wir, wenn wir »Gott« sagen? Diese Frage liegt auch für uns Christen nicht hinter uns, sie steht vor uns. Sie ist nicht erledigt, sondern aufgegeben. Wir müssen das Wort Gott mit unserem Leben durchbuchstabieren und achtgeben, dass nicht ein Götze erscheint, wo »Gott« stehen sollte.

Im christlichen Glauben ist das Bekenntnis zu Gott stets zu buchstabieren durch das Bekenntnis zu Jesus Christus im Heiligen Geist. Wenn wir von Gottes Allmacht sprechen, dann können wir dies christlich nur tun im Blick auf Jesus Christus. In der Treue zum ohnmächtigen Jesus von Nazareth bis zu seinem Tod und mitten durch ihn hindurch zeigt sich die Allmacht Gottes.

Gott beim Namen nennen heißt, den Menschen vor sich selbst zu schützen. Wer an Gott glaubt, braucht nicht Gott zu spielen. Die Sache mit dem Menschen geht nicht auf ohne Gott, und die Sache mit der Erde und dem ganzen Universum geht nicht auf ohne Gott. Eine Welterklärung ohne Gott hindert uns daran, das eigene Leben und die Welt als Gabe zu empfangen und verantwortlich vor Gott und den Menschen damit umzugehen.

Zweite Fastenwoche

Etwa acht Tage nach diesen Worten nahm er Petrus, Jakobus und Johannes mit sich und stieg auf den Berg, um zu beten. Und während er betete, veränderte sich das Aussehen seines Angesichts und sein Gewand wurde strahlend weiß. Da redeten zwei Männer mit ihm – es waren Mose und Elija –, sie erschienen ihm Lichtglanz und sprachen von seinem Ende, das sich in Jerusalem erfüllen sollte.

Petrus aber und seine Gefährten waren vom Schlaf überwältigt. Als sie erwachten, sahen sie seinen Lichtglanz und die zwei Männer, die bei ihm standen. Als sie von ihm scheiden wollten, sagte Petrus zu Jesus: Meister, es ist gut, dass wir hier sind. Wir wollen drei Hütten bauen, dir eine, Mose eine und Elija eine. Er wusste aber nicht, was er sagte.

Während er noch redete, kam eine Wolke und überschattete sie. Als sie in die Wolke hineinkamen, fürchteten sie sich. Da erscholl eine Stimme aus der Wolke: Dies ist mein auserwählter Sohn, auf ihn sollt ihr hören. Als die Stimme erscholl, war Jesus wieder allein. Sie schwiegen und teilten in jenen Tagen niemand etwas von dem mit, was sie gesehen hatten.

LUKAS 9,28–36

◁ Verklärung Christi. Ikone, 15. Jh. Museum Nowgorod.

Tabor und Golgota

Das Evangelium von der Verklärung Jesu (Lk 9,28–36) lässt sich wie eine Christus-Ikone anschauen. Jesus ist auf dem Berg. Er steht drüber. Betend ist er bei Gott. Und Gott lässt sein Angesicht über ihm leuchten, Inbegriff seiner Nähe. Verklärung – für einen Moment leuchtet das Ziel auf: Jesus im Lichtglanz Gottes und bei ihm Mose und Elija. Aber oben auf dem Berg sprechen sie davon, dass es bergab gehen wird, bis zum Kreuz (vgl. 9,31). Mitten im Ereignis der Verklärung erscheint ein anderer Berg am Horizont: Golgota. Tabor und Golgota liegen dicht bei einander. Die Verklärung ist nicht eine vorübergehende Hochstimmung. Sie steht mitten im Leben Jesu, verwurzelt in der Haltung dessen, der aus sich herausgehen wird bis zum Äußersten, für uns und für alle. Erst am Ende, in der Voll-Endung wird endgültig Verklärung sein – für ihn und für uns.

Der Gott, dessen Licht im Angesicht Jesu aufleuchtet (vgl. 2 Kor 4,6), geht mit in der Geschichte seines Volkes, in der Geschichte seines Sohnes, mitten durch Wüsten, bis in die letzten Niederungen des Verrats und des Todes am Kreuz. Im Durchgang und Mitgehen erst schafft er die österliche Verklärung.

Die anwesenden Jünger verstehen von alledem kaum

etwas. Bezeichnend ist die Reaktion des Petrus: Auf dem Berg der Verklärung möchte er bleiben. Er möchte um jeden Preis einen strahlenden Herrn. Er träumt von einem Gott auf dem Berg, der mit den weltlichen Niederungen im Grunde nichts mehr zu tun hat. Er soll groß und herrlich sein, allmächtig und alles auf einen Schlag selig verwandeln: »Meister, es ist gut, dass wir hier sind. Wir wollen drei Hütten bauen ...« (Lk 9,33). Nichts schöner als das. Gelobtes Land hier und jetzt und in Ewigkeit. Petrus will Ostern ohne das Kreuz, das gelobte Land ohne den Marsch durch die Wüste. Wie verständlich ist diese Sehnsucht, drüber zu stehen. Wie viel Widerstand auf dem Weg bergab, in die harte und konfliktreiche Realität unten. Petrus will es nicht. Wer könnte ihn nicht verstehen?

Und trotzdem: »Auf ihn sollt ihr hören!« (9,35). Auf ihn allein, auf niemanden sonst. Sein Weg ist der einzig wahre. Nur er führt endgültig zur Verklärung. Das muss den Jüngern, das muss uns eigens von Gott gesagt werden. Das käme uns von selbst nicht in den Kopf. Unsere Wünsche gehen in eine andere Richtung, hoch hinaus. Nein, nur auf diesen Jesus sollt ihr hören, seinen Weg mitgehen. Das heißt Nachfolge!

Ein großes Wort

Wir alle spiegeln mit enthülltem Angesicht die Herrlichkeit des Herrn wider ... durch den Geist des Herrn« (2 Kor 3,18). Das ist ein großes Wort, das Paulus den Christen zuspricht. Zu groß – oder?

Machen wir uns etwas vor? Offensichtlich besteht ein Missverhältnis zwischen der glanzvollen theologischen Interpretation und der kümmerlichen Realität unseres Lebens. Das war damals nicht anders als heute. Gelingt es uns, das Bekenntnis des Glaubens an das Wirken des Geistes zu wiederholen, ohne daraus eine ideologische Überhöhung der Wirklichkeit zu machen. Das bisschen Glaubenserfahrung und Ausstrahlungskraft rechtfertigen so große Worte kaum.

Wir sind nicht die Lichtquelle, können aber zumindest fragmentarisch das von außen kommende Licht reflektieren und hoffnungsvoll auf das Mögliche hinarbeiten, weil wir das »Unmögliche« erwarten. Wo Menschen loslassen können, weil sie sich geborgen wissen, wo sie den Glauben nicht als Besitz betrachten, sondern als Geschenk, wo sie von sich selber absehen können und mehr wollen als sich selber, wird der Geist des Herrn wirksam, der Freiheit schenkt. Sieht man uns an, dass der Glaube das Leben nicht verkümmern lässt, sondern freisetzt?

Zerbrechlich

Den Schatz der Christuserkenntnis, sagt Paulus, »tragen wir in zerbrechlichen Gefäßen« (2 Kor 4,7). Zerbrechliche Gefäße sind wir, von der Erde genommen (vgl. Gen 2,7), irden wie ein Tongefäß. Schätze verwahrt man in Schatzkammern und Panzerschränken. Der Schatz der Christuserkenntnis ist einem Tongefäß anvertraut. Müsste Gott nicht den, dem er sein Geheimnis anvertraut, weit attraktiver ausstatten? Es gehört zur Verborgenheit Gottes und seines Wirkens, dass der Schatz sich nicht aufdrängt. Gott bleibt auf der Linie seiner Menschwerdung in Jesus Christus.

Zerbrechliche Gefäße, brüchig, das ist die Wahrheit über uns selbst. Das spüren wir heute mehr als zu anderen Zeiten, in uns und um uns. Kirchliche Strukturen werden brüchig, Traditionen brechen ab. Geht schließlich alles zu Bruch? Das Zerbrechen tut weh. Aber es liegt auch eine Chance darin. Wir können ein neues Verhältnis zu unserem Schatz gewinnen. Wir können lernen, dass man ihn nicht einmauern darf. Wir sind keine Schatzmeister in alten Bastionen. Es ist allemal glaubwürdiger, dass wir unsere Zerbrechlichkeit eingestehen, als dass wir uns aufplustern und eine Stärke demonstrieren, die gar nicht vorhanden ist.

»Du bist in der Gnade«

Gottes Geheimnis ist der unfertigen Gestalt eines gebrechlichen Menschen anvertraut. Christus gibt sich in die unzulänglichen Hände, die stockende Stimme und die oft viel zu erwartungslosen Herzen der Zeugen. Dieser Schatz ist uns näher, als wir uns selber sind. Er will in seiner verborgenen Anwesenheit entdeckt und ersehnt werden: »Du, mein Schatz!«

> Die Auferstehungen
> deiner unsichtbaren Frühlinge
> Sind in Tränen gebadet.
> Der Himmel übt an dir
> Zerbrechen.
> Du bist in der Gnade ...
>
> NELLY SACHS

Wie soll man das verstehen? Ist das nicht ein Verbrechen, jemanden zu zerbrechen? Ist das nicht die Hölle statt der Himmel?: »Der Himmel übt an dir Zerbrechen.« – Das kann wohl nur, wenn man die jüngere Geschichte des jüdischen Volkes bedenkt, eine gläubige Jüdin sagen, sonst wäre das blanker Zynismus: »Du bist in der Gnade.« Es gibt ein Zerbrechen, das kein Unheil ist, sondern Gnade. Nirgendwo wird das so deutlich wie im Leben und Sterben Jesu: Aus seinem Zerbrechen am Kreuz ersteht das neue Leben: »Du bist in der Gnade.«

Es geht um den Schatz

So wird deutlich, dass das Übermaß der Kraft von Gott und nicht von uns kommt« (2 Kor 4,7). Niemand soll auf den Gedanken kommen, es ginge um das Gefäß, das aus Staub ist. Niemand soll denken, wir seien die, von denen das Heil zu erwarten ist. Gott bewahre uns vor Machern in der Kirche, vor denen, die alles im Griff haben wollen, am Ende Gott selbst. Wer sind wir denn? Das Gefäß darf gar nicht so hart und undurchlässig sein wie ein Panzer. Besser, es ist dünnwandig, transparent. Der Schatz muss durchkommen. Es ist gut, dass wir zerbrechlich sind und bleiben und hoffentlich nicht hart werden.

Gott bejaht angeschlagene Existenzen und kann sie gebrauchen, auch eine angeschlagene Kirche. Jesu Botschaft ist nicht angewiesen auf das glitzernde Outfit eines gestylten Amtsträgers. Sie spricht für sich. Man darf, sagt Paulus, die Ausstrahlungskraft des Evangeliums nicht mit der eigenen angemaßten oder angestrebten Attraktivität verwechseln.

Denken wir: Soll Gott doch froh sein, dass ich mich für ihn engagiere? Oder kennt unser Glaube noch das Staunen, für Gott brauchbar zu sein; die Verwunderung, dass Gott ausgerechnet mit mir tagtäglich neu etwas anfangen will?

Aufreibend

Immer tragen wir das Todesleiden Jesu an unserem Leib ...« (2 Kor 4,10). Wer so spricht, stellt sich dem Leid, nicht nur in der Kontemplation, sondern in den banalen alltäglichen Dingen, in dem, was Gott uns in unserem Leben zumutet bei unserem Bemühen, um uns und in uns die Verhältnisse zum Besseren zu führen. Indem wir so aufgerieben werden, kommt langsam – so Paulus – mühsam und nicht ohne Schmerzen das neue Leben durch.

»... damit auch das Leben Jesu an unserem Leib sichtbar wird« (4,10). Die Epiphanie Jesu geschieht in unserem sterblichen Fleisch. Nicht dadurch wird der Mensch neu, dass er sich an den Realitäten des Lebens vorbeimogelt; nein, im alten Menschen will das Neue durchkommen. Der Weg zum Heil geht durch das Kreuz hindurch, nicht dran vorbei. Paulus macht sich und uns keine Illusionen: Dieser österliche Wandlungsprozess, den wir an uns geschehen lassen und mit anderen durchmachen, ist weder einfach noch schmerzlos. Werden wir diesen Wandlungsprozess nur besprechen und in der Liturgie feiern? Oder werden wir ihn durchschmerzen in der gegenwärtigen Kirchensituation mit ihren Kalamitäten und nicht zuletzt auch in der eigenen Lebensgeschichte?

Jetzt

Siehe, jetzt ist sie da, die Zeit der Gnade; siehe, jetzt ist er da, der Tag der Rettung« (2 Kor 6,2) – das »siehe« (das die Einheitsübersetzung unterschlägt) steht zweimal betont voran: Macht die Augen auf, überseht nicht das Entscheidende. Es gibt keine heile Welt, aber es gibt Heil in der Welt. Das aufzuspüren lohnt sich. Offenbar sehen wir oft falsch, mehr auf das, was nicht ist, als auf das, was ist. Mehr auf das, was wir tun, als auf das, was Gott tut. Die Allmacht der Zwangsläufigkeiten wird durchbrochen. Das Unwahrscheinliche kommt zum Vorschein.

Jeder von uns hat seine eigene Geschichte, hat eine gute Zeit oder eine schwere Zeit hinter sich, eine Zeit, die behagt, oder eine Zeit, die man am liebsten loswerden möchte. Aber »siehe« – all unsere Zeiten gehören in dieses Jetzt. Jetzt begegnet sich unsere Zeit mit Gottes »Zeit«. Die Realität ist nie nur das, was sie faktisch ist. Vom Glauben her enthält sie immer auch etwas, das die Sachzwänge relativiert. Die Sicht, das Herz werden weiter. Zuversicht wächst. Das Jetzt ist der Fuß in der Tür, die sich nun nicht mehr schließen lässt. Noch diesseits der Tür sind wir doch schon auf der Schwelle zum Kommenden.

Dritte Fastenwoche

Und er erzählte dieses Gleichnis: Jemand hatte einen Feigenbaum in seinem Weinberg gepflanzt. Er kam und suchte Frucht an ihm und fand keine. Da sagte er zu dem Weingärtner: Schon drei Jahre komme ich und suche Frucht an diesem Feigenbaum und finde keine. Hau ihn um! Wozu saugt er noch den Boden aus? Doch der antwortete ihm: Herr, lass ihn noch dieses Jahr, bis ich um ihn herum aufgegraben und Dung gestreut habe. Vielleicht wird er in Zukunft Frucht bringen. Wenn aber nicht, dann magst du ihn umhauen.

LUKAS 13,6–9

Axt oder Spaten

Axt oder Spaten, das ist die Frage. »Jemand hatte einen Feigenbaum in seinem Weinberg gepflanzt. Er kam und suchte Frucht an ihm und fand keine« (Lk 13,6). Eine enttäuschende Besichtigung. Was tut da jemand, der vom Ertrag seines Bodens leben muss? »Da sagte er zu dem Weingärtner: Schon drei Jahre komme ich und suche Frucht an diesem Feigenbaum und finde keine. Hau ihn um! Wozu saugt er noch den Boden aus?« (13,7). Abholzen, das ist die sauberste, die wirtschaftlichste Lösung. Stehen lassen macht keinen Sinn mehr. Drei Jahre sind genug. Er hat seine Chance gehabt. Jetzt muss die Axt her. Weg mit dem Baum! – Aber nicht doch: »Herr, lass ihn noch dieses Jahr, bis ich um ihn herum aufgegraben und Dung gestreut habe« (13,8). Vielleicht, vielleicht – wer weiß ... »Vielleicht wird er in Zukunft Frucht bringen ...« (13,9).

Der unfruchtbare Baum hätte die Axt verdient. Stattdessen wird ihm der Spaten geschenkt und noch Dünger dazu. Die Axt, die dem Baum schon an die Wurzel gelegt war, schlägt nicht zu, weil jemand dazwischen getreten ist und sie noch für ein Jahr aufhält. Noch ein Jahr weiteres Bemühen, damit er endlich die erwartete Frucht trage, endlich!

Gott lässt sich nicht beirren in seiner Liebe zu uns. Christus tritt dazwischen im Bild des geduldigen Gärtners. Er wartet, bis die Zweige saftig werden, Blätter treiben und Frucht bringen. Er weiß, dass alles seine Zeit hat, und er lässt Zeit. Er schenkt dem Baum Ruhe und seine Zuwendung. Das ist Gnade. Er ist nicht aufs Abholzen des unfruchtbaren Feigenbaumes aus, sondern vertraut auf die in ihm schlummernden Möglichkeiten und hegt ihn in riskanter Geduld. Welch einmalige Chance für einen Feigenbaum, der einen solchen Gärtner hat.

Was machen wir mit der geschenkten Zeit? Werden wir sie vertreiben oder gar totschlagen? Können wir, denen Zeit geschenkt ist, selber Zeit schenken? Oder müssen wir den Zeitraum gleich wieder mit neuen Terminen zupflastern, bis keine Zeit mehr ist? Es gibt ein Wort des Propheten Jesaja (28,16), das Martin Buber so übersetzt: »Wer vertraut, wird nichts beschleunigen wollen.« Er kann sich und anderen Zeit lassen, wie Gott uns Zeit lässt. Was wir als Zeitverlust ansehen (»verlorene Zeit«), kann Zeitgewinn sein. Die Zeit kann heilen. Statt immer mehr zu beschleunigen, sollten wir entschleunigen.

Alles steht auf dem Spiel

Vielleicht wird er in Zukunft Frucht bringen; wenn aber nicht, dann magst du ihn umhauen« (Lk 13,9). Das letzte Urteil über den Baum ist aufgeschoben, nicht aufgehoben. Bringt er Früchte, dann soll er leben; wenn nicht, wird die Axt angelegt. Auch die Geduld des Gärtners hat ihre Grenzen. Das Jahr kann genutzt und für immer verspielt werden. Es steht alles auf dem Spiel. Das Gericht wird nicht unterschlagen: »Wenn nicht, dann magst du ihn umhauen.« Bei aller Liebe, das geht durch Mark und Bein.

Am Ende also doch die Axt? Wir kennen es aus der Erziehung, aus der Politik und aus persönlichen Beziehungen: »Wenn du nicht bis da und dahin ..., dann aber!« Und dann muss auch eingefordert und eingelöst werden, sonst ist die Autorität verspielt, sonst geht es drunter und drüber. Sanktionen müssen berechenbar sein. Man darf sein Gesicht nicht verlieren. Wahrt Gott sein Gesicht? Er hat es gewahrt – im Gesicht des Gekreuzigten! Kein harmloses Gesicht, das mit der Dornenkrone! Kein Gesicht, an dem man sich vorbeidrücken könnte. Das Schreckliche ist nicht die aufgeblähte Omnipotenz eines obersten Herrn. »Die Trauer der Liebe ist schwerer zu ertragen als der Zorn eines überhöhten Vaters« (P. Ricœur).

Harte Arbeit

Ich lebe und arbeite in einer Einrichtung für behinderte Menschen. Da ist Arbeit mit dem Spaten gefragt. Da weiß man, was das heißt: »Ich will um ihn herum aufgraben und Dung streuen ...« (Lk 13,8). Das ist harte Arbeit. Bisweilen sind die Früchte kaum zu sehen. Wie hält man das durch? Wir hoffen nicht allein auf uns selbst, der Glaube lässt uns hoffen, für jeden Menschen. Er ermutigt zur Arbeit mit dem Spaten.

Axt oder Spaten! Ob unsere Gesellschaft wirklich so behindertenfreundlich ist, wie sie sich gerne gibt? Sind Behinderungen ein abschaffbares Übel, oder lernen wir, damit umzugehen? Was lassen wir uns dieses Lernen kosten, gerade auch in Zeiten knapper werdender Kassen?

Axt oder Spaten! Dort, wo es nach außen hin ganz unauffällig ist, wird pränatal die Axt an die Wurzel gelegt. Menschen mit Down-Syndrom werden, von wenigen Ausnahmen abgesehen, umgehauen. Sie kommen nicht mehr zur Welt. Wem soll einleuchten, dass nach der Geburt die Arbeit mit dem Spaten proklamiert wird, wenn vor der Geburt die Axt regieren kann. Da stimmt doch etwas nicht. Wir dürfen uns nicht täuschen: Die Akzeptanz behinderter Menschen kann leicht kippen.

Vor Gericht

Die apokalyptischen Bilder vom Gericht sind keine harmlosen Bilder. Sie trennen die Gerechten von den Ungerechten. Gericht, das ist Scheidung, Unterscheidung, Entscheidung. Nicht nur die Liebe, auch die Gerechtigkeit ist stärker als der Tod. Von der letzten Entscheidung Gottes her gewinnen unsere vorletzten Entscheidungen ihr Gewicht und ihren Ernst. Wir verschweigen nicht, »dass die Botschaft vom Gericht Gottes auch von der Gefahr des ewigen Verderbens spricht. Sie verbietet uns, von vornherein mit einer Versöhnung und Entsühnung für alle und für alles zu rechnen, was wir tun oder unterlassen. Gerade so greift diese Botschaft immer wieder verändernd in unser Leben ein und bringt Ernst und Dramatik in unsere geschichtliche Verantwortung« (Würzburger Synode: Unsere Hoffnung, I 4).

Gott hat seine letzte Entscheidung besiegelt mit seinem Blut, das vergossen wurde »für euch und für alle«. Das ist die Richtung, an der wir uns auszurichten haben. Er schenkt uns nichts – und er schenkt uns doch alles!

Ein Ja ohne Wenn und Aber

Im 2. Korintherbrief steht gleich zu Anfang dieses Wort: »Denn der Sohn Gottes, Jesus Christus ..., war nicht Ja und Nein zugleich, sondern in ihm ist das Ja Wirklichkeit geworden. Er ist das Ja zu allem, was Gott verheißen hat« (1,19f). Ein starker Text! Mit wenigen Worten formuliert Paulus hier die Summe der Heilsbotschaft: Gott ist treu. Seine Verlässlichkeit manifestiert sich in seinem Sohn Jesus Christus. Er ist das Ja Gottes zum Menschen, ohne alles Wenn und Aber.

Lässt sich dieses Ja so einfach durchhalten? Jeder von uns hat Darstellungen des Weltgerichtes vor Augen. Sie sind symmetrisch angelegt: Zwischen Guten und Bösen, Himmel und Hölle, Ja und Nein. So bleibt das Ganze im Lot, unter dem Symbol der Waage. Diese Symmetrie beherrscht unser Denken. Im Evangelium findet sie sich in der Gerichtsszene (vgl. Mt 25,31–46). Sie hat ihr Gewicht. Sie bezeugt: Die Gerechtigkeit ist stärker als der Tod. Sie steht für die Verlässlichkeit der Maßstäbe, für die Gleichheit aller. Und doch ist mit all dem nicht alles gesagt. Entgegen unserer Vorliebe für Ausgewogenheit ist Jesus provokativ einseitig. Er steht für eine Asymmetrie zugunsten des Ja. Sein parteiliches Ja bringt die Welt in Bewegung.

Die Asymmetrie des Evangeliums

Gott hat sein Ja-Wort gegeben, kein »Ja und Nein zugleich« (2 Kor 1,18), kein »Jein«, kein »Ja, aber ...«, kein »Na ja, wir wollen mal sehen ...« Das Wort Gottes an die Welt (die Menschen) und in die Welt hinein ist mit Jesus Christus ein für alle Mal gesprochen. Gott steht im Wort. Er kann hinter das einmal gesprochene Ja nicht zurück.

Und das Nein Gottes? So wie die Verhältnisse in der Welt sind, sagt Gott auch Nein, aber »nicht Ja und Nein zugleich« (1,18), nicht als Kehrseite der Medaille. So wichtig das Nein im Sinne der Gerechtigkeit ist, es gestaltet Liebe, es steht ganz im Schatten des Ja. Alle Fragen nach dem Nein Gottes, so notwendig sie zu stellen sind – letztlich treten sie hinter dem Ja zurück und sind darauf bezogen. Letztlich ist zu sagen, dass Gott für uns ist (vgl. Röm 8,31–39). Dom Hélder Câmara betet: »Herr, lehre mich ein Nein sagen, das nach Ja schmeckt.«

Gottes Ja zielt auf asymmetrische, unausgewogene Haltungen und Handlungen, auf das Recht der Gnade, auf die Kultur der Barmherzigkeit, auf den Vorrang der Akzeptanz vor aller dann auch nötigen Kritik. Die Bergpredigt lässt erkennen, dass Jesus uns zutraut, in unausgeglichenen, unabgegoltenen Verhältnissen zu leben.

Umkehr

Kehrt um und glaubt an das Evangelium!« (Mk 1,15). So beginnt Jesus seine Predigt. Also nicht: »Weiter so!«, sondern: »Kehrt um!« Jetzt ist die Zeit – höchste Zeit.

Das ist leichter gesagt als getan. Woher nehmen wir die Kraft, umzukehren und die Angst vor Veränderungen zu überwinden? Woher schöpfen wir das Vertrauen, dass wir nicht verlieren, wenn wir teilen? Zu mächtig ist der Eigennutz im Großen und im Kleinen. Die Eigeninteressen werden gehütet wie eine heilige Kuh, auch bei uns. In großen Sprüchen sind wir stark und in handfesten Taten schwach. Die Appelle allein bringen's nicht. Jesus sagt: »Glaubt an das Evangelium.« Mit anderen Worten: Gott ist für euch da. Davon könnt ihr ausgehen. Sein Geist ist dabei, das Angesicht der Erde zu erneuern. Wo wir dem Evangelium trauen, werden wir frei füreinander; da wird die Welt nicht schön geredet, da wächst Zivilcourage zum klaren Wort gegen das Verdrängen des Unrechts.

»Die große Schuld des Menschen sind nicht die Sünden, die er begeht – die Versuchung ist mächtig und seine Kraft gering! Die große Schuld des Menschen ist, dass er in jedem Augenblick die Umkehr tun kann und nicht tut«, sagt eine chassidische Geschichte.

Vierte Fastenwoche

Das alles kommt von Gott her,
der uns durch Christus mit sich versöhnt hat
und uns den Dienst der Versöhnung übertragen hat.
Ja, Gott hat in Christus die Welt mit sich versöhnt;
er rechnet den Menschen ihre Fehltritte nicht mehr an
und hat uns den Dienst der Versöhnung anvertraut.
So sind wir also Botschafter an Christi statt,
da ja Gott durch uns Mahnungen ergehen lässt.
An Christi statt bitten wir:
Lasst euch mit Gott versöhnen.

2 KORINTHER 5,18–20

◁ Rembrandt: Rückkehr des verlorenen Sohnes,
   um 1668. Sankt Petersburg, Eremitage.

Gott ist es, der uns mit sich versöhnt

D as alles kommt von Gott her, der uns durch Christus mit sich versöhnt hat und uns den Dienst der Versöhnung übertragen hat« (2 Kor 5,18). – Das ist eine sehr grundsätzliche und zugleich bahnbrechende Aussage des Apostels Paulus. Versöhnung meint hier nicht, der Mensch müsse Gott gnädig stimmen. So sitzt es uns bis heute fast unausrottbar im Blut. In anderen Religionen versöhnt der Mensch Gott durch Buße und Opfer bis hin zum Menschenopfer. Hier hat das Christentum religionsgeschichtlich eine eindeutige Wende vollzogen. Sie betrifft nicht zuletzt den priesterlichen Dienst.

Nicht selten ist (nicht nur) in der Vergangenheit der Priester als Mittler zwischen Gott und den Menschen dargestellt und in eine überirdische Sphäre hochgejubelt worden. Mit den Wandlungsworten zwinge er Gott auf den Altar und bringe mit seinen Händen Gott das Opfer der Versöhnung dar. Joseph Ratzinger hat bereits 1967 unter Berufung auf die Heilige Schrift klipp und klar festgestellt: »Dieses Bild ist unwiderruflich zerbrochen. Das ungeheure Missverständnis des Versöhnungsbegriffes ... ist uns mit greller Deutlichkeit klar geworden.« Gott wartet nicht, bis die Schuldigen Versöhnungsopfer darbringen. Er geht ihnen entgegen (wie im Gleichnis vom barmherzigen Vater, vgl. Lk 15,11–32) und versöhnt sie. Darin offenbart sich die innere Zielrichtung des Kreuzes. Gegenüber der kultischen Heiligkeit der Antike meldet sich hier, so Ratzinger, ein neues Verständnis des geistlichen Amtes zu Wort, »das sprachlich und sachlich nicht an den Prunk des antiken Kultes und nicht an die ererbten Formen des Opferpriestertums anknüpft, sondern an die schlichte Menschlichkeit des Menschen Jesus. Die Menschlichkeit dessen, der bis zuletzt Mensch ist und als liebender Mensch in das Todesgeschick hineingeht, wird als das wahrhaft Priesterliche, als das Priestertum der Welt erklärt.«

»Der christliche Priester ist im Gegensatz zum jüdischen und erst recht zum heidnischen sacerdos nicht eigentlich und primär Kultdiener, der ein bestimmtes Ritual abwickelt, sondern Gesandter, der die Sendung Christi« zu den Menschen fortsetzt. »Ja, Gott war es, der in Christus die Welt mit sich versöhnt hat, indem er den Menschen ihre Verfehlungen nicht anrechnete und uns das Wort von der Versöhnung (zur Verkündigung) anvertraute. Wir sind also Gesandte an Christi statt, und Gott ist es, der durch uns mahnt« (5,19 f).

Einladung, nicht Vorladung

Gott ist es, der uns und die Welt durch Christus mit sich versöhnt hat. Jesu stellvertretender Kreuzestod bewirkt die Versöhnung Gottes mit den Menschen, also nicht umgekehrt der Menschen mit Gott. Ganz im Sinne dieser biblischen Versöhnungsbotschaft heißt es im bittenden Teil der sakramentalen Absolutionsformel des Bußsakramentes: »Gott, der barmherzige Vater, hat durch den Tod und die Auferstehung seines Sohnes die Welt mit sich versöhnt und den Heiligen Geist gesandt zur Vergebung der Sünden ...«

Wir sind Botschafter (Nuntius) der Versöhnung. Sie selbst ist und bleibt Gottes Sache. »Wir bitten euch an Christi statt: Lasst euch mit Gott versöhnen!« Die Versöhnungsbotschaft kommt nicht als Anklage auf uns zu. Hier wird nicht auf die Pauke gehauen. Es ergeht eine Einladung, keine Vorladung, eine Bitte, kein Gestellungsbefehl! Versöhnung gelingt nicht auf Kommando. Die Bitte ist die angemessene Sprachgestalt, um Gottes Versöhnung mit der Welt auszurichten. Sie lässt den Gebetenen gelten, sie rechnet mit seiner Eigenständigkeit und Würde. Die Herren befehlen, die Richter urteilen, die Parteivorsitzenden proklamieren – Gott lässt bitten. Er lädt ein mit den ausgebreiteten Armen seines gekreuzigten Sohnes.

Geiz ist geil ...

Wer spricht heute noch von Schuld, gar von Sünde? Die Sünde ist aus der öffentlichen Rede verbannt. Sie ist zum »Fehler« mutiert, zu einem Verstoß gegen die soziale Verkehrsordnung. Schafft der Probleme, sind Therapeuten gefragt. Geiz ist kein Laster mehr, sondern einfach nur geil. Von Sünde spricht man – mit Augenzwinkern! –, wenn jemand gegen eine Diätvorschrift verstößt: Man darf ja mal »sündigen« ...

Wenn Schuld, dann sind es die anderen. Wir verleugnen unsere Zuständigkeit und finden immer neue Alibis. Schuld wird bei den Gegnern gesucht, in der Veranlagung und Erziehung, im Milieu, in den Strukturen und im System: »Du konntest ja gar nicht anders. Das war von deiner Erziehung her vorprogrammiert ...«

Dadurch, dass wir nur noch spöttelnd oder gar nicht mehr von ihr sprechen, ist die Sünde nicht aus der Welt. Je weniger wir noch mit ihr rechnen und je mehr wir sie verdrängen, desto hilfloser sind wir ihr ausgesetzt. Die Schlange mit ihrem ganzen Schwanz von Todsünden denkt gar nicht daran, sich aus dem Staub zu machen. Sie hat es sich gemütlich gemacht in unserem Alltag und richtet größere Schäden an, als wir es uns vorstellen können. Öffentliche Skandale bringen es an den Tag.

Freiheit heißt Verantwortung

Die Frage nach der Schuld ist die Frage nach der Verantwortung. Wo ein Mensch die Verantwortung für sich und seine Taten nicht mehr anerkennt, setzt er seine Menschlichkeit aufs Spiel. Sich der eigenen Schuld zu stellen, ist ein äußerster Akt der Freiheit. Wer sich zu seiner Schuld bekennt, wagt es, seine Verantwortung auch dort noch wahrzunehmen, wo man heute oft nur biologische, wirtschaftliche oder gesellschaftliche Zwänge am Werke sieht und sich damit gern von jeglicher Verantwortung dispensiert.

Sünde ist falsches Leben; denn alle Weisungen, gegen die wir uns versündigen, haben nur unser Leben im Sinn. Die zehn Gebote und gerade das erste unter ihnen formulieren nicht einen willkürlichen, sondern jenen fürsorglichen Gotteswillen, der alles, was nach menschlicher Erfahrung Menschenleben schützt, zu unseren Gunsten aufgreift und in Geltung setzt. Nur deshalb will Gott keine fremden Götter neben sich, weil sie die Menschen um das Leben betrügen. Weil er ein »Liebhaber des Lebens« ist, betrachtet sich Gott als Anwalt aller seiner Geschöpfe, und deshalb sieht er alle Schuld, die wir einander zufügen, als gegen sich selbst gerichtet.

Verharmlosung

Schauen wir nicht nur auf gesellschaftliche Tendenzen, schauen wir auf uns selbst. Auch in der Kirche ist es so: Das Wort »Sünde« kommt uns schwer über die Lippen. Wir drücken uns daran vorbei, sprechen von Fehlern oder allenfalls von Schuld. Die Vorstellung vom Richter mit dem Schwert in der Hand ist oft genug umgeschlagen in eine Religion des lieben Gottes. Der himmlische Spaßmacher segnet alles ab, was kommt. »Ein Gott ohne Zorn brachte Menschen ohne Sünde in ein Reich ohne Gericht durch den Dienst eines Christus ohne Kreuz« (R. Niebuhr). Entsprechend folgenlos, langweilig und realitätsfremd ist dann die Glaubenspraxis.

Deshalb verzichten viele belastete Menschen auf solchen Trost, er ist viel zu harmlos. Ein vorschnell vertröstender Zuspruch löst das Gefühl von Schuld und den inneren Ruf nach Wiedergutmachung nicht auf. Wer einen anderen begleiten will, darf ihn nicht nur bei einer Tasse Kaffee über seine Schuld »hinwegbringen« wollen. Er muss mit ihm die Erfahrungen in ihrer ganzen Tiefe durcharbeiten. Ist es nicht das Leben selbst, das uns die Abgründe der Schuld ahnen lässt? Ein reifer Glaube kann sie nicht einfach wegschminken, er muss ihnen standhalten.

Nach eigenem Gusto?

Den Gott, der umstandslos zu unseren Wünschen passt, gibt es im Christentum nicht. Jesus jedenfalls hat einen anderen Gott nahegebracht, nicht einen, den man sich unter den Schalmeien einer Bedürfnisreligion nach eigenem Gusto zurechtträumt. »Halten wir Gott vielleicht nur deswegen nicht stand, weil wir dem Abgrund unserer Schulderfahrung und unserer Verzweiflung nicht standhalten? Weil unser Bewusstsein vom Unheil sich verflacht, weil wir uns die geahnte Tiefe unserer Schuld, diese ›Transzendenz nach unten‹, verbergen?« (Würzburger Synode: Unsere Hoffnung I 5). Und umgekehrt: Wo der Mensch von Gott nichts mehr weiß oder wissen will, da ist es auch folgerichtig, dass er keine Ahnung mehr von Sünde hat. Wir sind nicht nur Wohltäter, sondern immer auch Übeltäter, haben »Gutes unterlassen und Böses getan«. Dies betrifft jeden von uns, so wahr die Finger auf uns selbst zeigen, wenn wir beim Confiteor mit der Hand an die eigene Brust schlagen. Kann ich zu meiner Schuld, zu meiner Sünde stehen? Gibt es Bereiche, die ich ausblende, vor denen ich weglaufe? Wie reagiere ich auf Kritik? Bin ich fähig und bereit zur Selbstkritik?

Auf der Flucht vor dem Schatten

Es war einmal ein Mann, den ängstigte der Anblick seines eigenen Schattens so sehr, dass er beschloss, ihn hinter sich zu lassen. Er sagte zu sich: Ich laufe ihm einfach davon. So stand er auf und lief davon. Aber der Schatten folgte ihm mühelos. Er sagte zu sich: Ich muss schneller laufen. Also lief er schneller und schneller, lief so lange, bis er tot zu Boden sank.« Die Erzählung hat einen Nachsatz: »Wäre der Mann in den Schatten eines Baumes getreten, so wäre er seinen eigenen Schatten los geworden. Aber darauf kam er nicht.«

Hier endet die Geschichte aus der Weisheit Asiens. Hier beginnt eine andere Geschichte. Gott hat in unserer Mitte einen Baum aufgerichtet: den Baum des Kreuzes. Und er lädt uns ein, uns unter das Kreuz zu stellen. Wer das tut, der muss nicht mehr von Angst gejagt vor seinem Schatten davonlaufen. Er kann dazu stehen, weil er sich im Schatten des Kreuzes geborgen weiß. Er muss seine Schuld nicht bei anderen suchen oder in den anonymen Strukturen, er kann an seine eigene Brust schlagen. Er muss sie nicht verharmlosen, verschleiern oder verdrängen, er kann sie so ernst nehmen, wie sie ist. Er hat einen Ort gefunden, wo er zu ihr stehen kann.

Fünfte Fastenwoche

Da brachten die Schriftgelehrten und Pharisäer eine Frau herbei, die beim Ehebruch ertappt worden war, stellten sie in die Mitte und sagten zu ihm: Meister, diese Frau ist auf frischer Tat beim Ehebruch ertappt worden. Mose hat uns im Gesetz vorgeschrieben, solche Frauen zu steinigen. Was sagst du dazu? Das sagten sie, um ihn auf die Probe zu stellen, damit sie eine Anklage gegen ihn hätten. Jesus aber bückte sich und schrieb mit dem Finger auf die Erde. Als sie jedoch hartnäckig weiterfragten, richtete er sich auf und sagte zu ihnen: Wer von euch ohne Sünde ist, werfe als Erster einen Stein auf sie.

JOHANNES 8,3–8

Auch über Bösen geht die Sonne auf

Christen sind nicht die Einzigen, die sich um das Böse Gedanken machen. Justiz und Erziehung, Kunst und Therapie, Politik und Wissenschaft können sich ebenso wenig der Frage entziehen, was unter uns als »gut« und was als »böse« gelten soll und warum wir uns gegenseitig bis in unsere Existenz hinein bedrohen. Gerade weil der Kampf gegen das Böse kein Monopol der Kirche ist, stellt sich uns die Frage: Was ist das Böse, wenn wir auf Gott angewiesen sind, um ihm begegnen zu können? Und wer ist Gott, dass wir auf ihn angewiesen sind, um dem Bösen wirksam begegnen zu können? Wie geht Gott damit um?

Die Antwort lässt sich nicht in einem Satz sagen. Gott richtet, sagt unser Glaube und bekennt damit, dass kein Vergehen so geheim und keine Bosheit so subtil ist, dass sie nicht von ihm zur Rechenschaft gezogen würde. Das Wort vom Gericht gehört unveräußerlich zu unserem Glaubensbekenntnis. »Es spricht von der Gerechtigkeit schaffenden Macht Gottes, davon, dass unsere Sehnsucht nach Gerechtigkeit gerade nicht am Tode strandet, davon, dass nicht nur die Liebe, sondern auch die Gerechtigkeit stärker ist als der Tod« (Würzburger Synode: Unsere Hoffnung I 4).

Gott ist der Anwalt des Abel, wo immer er auf dieser Erde unter den Schlägen seines Bruders Kain verblutet. Aber – und hier offenbart sich die ungeheure Spannung – der Gott, der den Abel rächt, erbarmt sich auch des Kain (Gen 4,10–15). Der Gott, dessen Gesetz die Gerechten von den Sündern trennt, »lässt seine Sonne aufgehen über Böse und Gute und er lässt regnen über Gerechte und Ungerechte« (Mt 5,45). Darum nimmt sich Jesus die Freiheit, mit Zöllnern und Dirnen zu essen. So weiß er sich als der Sohn Gottes.

Gott richtet, aber sein letztes Wort ist ein überwältigendes, unbegreifliches Erbarmen. Mitten in der Gerichtsrede fällt er sich selbst ins Wort: »Wie könnte ich von dir lassen, Efraim, dich preisgeben, Israel? … Mein Herz kehrt sich um in mir, und zugleich regt sich mein Mitleid. Ich kann meinen glühenden Zorn nicht vollstrecken, kann Efraim nicht wieder verderben. Denn Gott bin ich und nicht ein Mensch, in deiner Mitte der Heilige, nicht dein Verderber« (Hos 11,8 f). Diesen Gott verkündigt Jesus, nicht nur mit Worten, sondern auch durch sein Verhalten. Dadurch bringt er die Hüter des Gesetzes außer Fassung. Darum wird er ans Kreuz geschlagen.

Gott will nicht den Tod des Sünders

Wer von euch ohne Sünde ist, werfe als Erster einen Stein auf sie« (Joh 8,7). Fast sprichwörtlich ist dieser Satz. Man kann Jesus nur dankbar sein dafür. In der Geschichte, aus der er stammt, sind tatsächlich keine Steine geflogen. Das grenzt an ein Wunder. Denn der Fall ist eindeutig: Eine Frau ist beim Ehebruch ertappt. Darauf steht die Steinigung, in manchen muslimischen Ländern bis heute. – Die Schriftgelehrten und Pharisäer bringen die Frau vor Jesus. Sie wissen längst, was zu tun ist: »Mose hat uns im Gesetz vorgeschrieben, solche Frauen zu steinigen« (8,5). Aber sie wollen Jesus herausfordern: »Was sagst du?« Alles steht auf dem Spiel – nicht nur für die Frau, sondern auch für Jesus.

Die Frau ist des Todes schuldig, aber Jesus verurteilt sie nicht. Darum wird er zum Gesetzesbrecher, darum ist er des Todes schuldig. Dabei spricht er nicht einmal von Gott; er handelt nur wie Gott, der »nicht den Tod des Gottlosen will, sondern dass er von seinem Weg umkehrt und lebt« (Ez 18,23).

»Wer von euch ohne Sünde ist, werfe als Erster einen Stein auf sie.« – Ein Bildwort bringt das auf den Punkt: Wenn ich mit dem Finger auf andere zeige, zeigen die anderen drei Finger auf mich selbst zurück.

Gerecht und zugleich barmherzig

DIENSTAG DER FÜNFTEN FASTENWOCHE

Wie Gott unbestechlich gerecht und doch unendlich barmherzig sein kann, das ist sein Geheimnis. Darum wundert es nicht, dass die Kirche in ihrer Verkündigung und in ihrer Bußpraxis diese Spannung nicht immer aufrechterhalten hat. Viele werfen ihr vor, sie habe meist allein das Gericht gepredigt und das Erbarmen vergessen. Andere sagen, sie könne selber nicht zwischen Gut und Böse unterscheiden und fürchte sich, in unserer aufgeklärten Welt vom Gericht zu sprechen.

Beides macht sichtbar, wie schwer es ist, Gerechtigkeit und Erbarmen zusammenzuhalten. Sicher dürfen wir nicht verschweigen, »dass die Botschaft vom Gericht Gottes auch von der Gefahr des ewigen Verderbens spricht. Sie verbietet uns, von vornherein mit einer Versöhnung und Entsühnung für alle und für alles zu rechnen« (Würzburger Synode: Unsere Hoffnung I 4). Andererseits gilt, dass Gottes Erbarmen grenzenlos ist.

Eine rabbinische Geschichte erzählt: Als Gott die Welt erschuf, überlegte er: »Erschaffe ich sie im Zeichen des Erbarmens, dann wird ihr Sündigen groß sein. Erschaffe ich sie im Zeichen des Gerichtes – wie könnte sie da bestehen? Darum: Ich erschaffe sie im Zeichen des Gerichtes und im Zeichen des Erbarmens, so möge sie bestehen.«

59

Das eine nicht ohne das andere

Das Wichtigste im Gesetz (ist): die Gerechtigkeit, das Erbarmen und die Treue. Man muss das eine tun, ohne das andere zu lassen« (Mt 23,23). Der Evangelist Matthäus sieht durchgängig Gerechtigkeit und Erbarmen zusammen. Wenn die Liebe abnimmt, nimmt auch die Gerechtigkeit ab; wenn es gesetzlos wird, wird es auch lieblos. Kein Wachstum in der Liebe ohne Wachstum in der Gerechtigkeit. Umgekehrt ist es der Sinn aller Rechtsprechung, wieder aufzurichten, was verquert und unrecht ist. So ist auch die Frohe Botschaft von Gottes Gericht zu verstehen: Es ist Ausdruck seines Erbarmens. Der Gekreuzigte richtet uns.

Das Recht ist ein Ausdruck von Gottes Wohlwollen im Leben seines Volkes, im Dienst für die Welt. Rechtlose Zustände, auch eine bloße Liebeskirche, sind eine Fata Morgana und bringen nichts Gutes. Die Liebe bleibt dabei auf der Strecke: »Weil die Gesetzlosigkeit überhand nimmt, wird die Liebe bei vielen erkalten« (Mt 24,12). Es ist schädlich, die Gerechtigkeit überspringen zu wollen, »aus lauter Liebe und Barmherzigkeit«.

Gerechtigkeit und Barmherzigkeit, unvermischt und ungetrennt! Wie zwei Seiten einer Medaille. »Man muss das eine tun, ohne das andere zu lassen.«

Sündige Kirche

Der Glaube macht uns frei, dass wir uns »als eine Kirche der Sünder verstehen, ja dass wir uns als sündige Kirche bekennen«, sagt die Würzburger Synode (Unsere Hoffnung II 3). Auf dem Hintergrund der Missbrauchsskandale hören wir das Wort von der sündigen Kirche heute neu. Allzu oft ist vollmundig nur von ihrer Heiligkeit die Rede. Dann läuft man Gefahr, ihre Schattenseiten auszublenden oder zu vertuschen, um ihr Bild möglichst makellos erstrahlen zu lassen. Dann werden Verfehlungen gerade von Amtsträgern unter den Tisch gekehrt, nach der Devise: »... dass nicht sein kann, was nicht sein darf«. Als ob die Kirche als Ganze von den Sünden ihrer Mitglieder und amtlichen Vertreter nicht tangiert würde! Eine Heiligkeit, die die Wahrheit scheut, entartet zur Scheinheiligkeit.

Es gibt kein überzeugenderes Zeugnis für die Kraft des christlichen Glaubens als den Mut, im Vertrauen auf die Barmherzigkeit Gottes Schuld zu bekennen, Reue zum Ausdruck zu bringen und um Vergebung zu bitten – vor Gott und den Menschen. Die Tatsache, dass wir als Kirche nur schwer Schuld eingestehen können und bekennen, führt zu mangelnder geistlicher Leidenschaft und resignativem Verhalten.

Die keusche Hure

Die Kirchenväter sprechen von der »keuschen Hure« (vgl. H. U. von Balthasar, Casta Meretrix). Die Ehebrecherin (Joh 8,1–11) wird zur Symbolgestalt der sündigen Kirche. Sie kann treulos werden und fremdgehen wie eine Dirne. Aber sie bleibt in aller Entfremdung doch immer die keusche Hure, weil Christus ihr die Treue hält und sie heiligt. Die Sünde kann das Geheimnis der Kirche entstellen, aber nicht vernichten. Im Sinne der Theologie der Kirchenväter schreibt Karl Rahner:

»In allen Jahrhunderten stehen neue Ankläger neben ›dieser Frau‹ und schleichen immer wieder davon, einer nach dem andern, von dem Ältesten angefangen; denn es fand sich nie einer, der selbst ohne Sünde war. Und am Ende wird der Herr mit der Frau allein sein. Und dann wird er sich aufrichten und die Buhlerin, seine Braut, anblicken und sie fragen: ›Frau, wo sind die, die dich anklagen? Hat keiner dich verurteilt?‹ Und sie wird antworten in unsagbarer Reue und Demut: ›Keiner, Herr.‹ Und sie wird verwundert sein und fast bestürzt, dass keiner es getan hat. Der Herr aber wird ihr entgegengehen und sagen: ›So will auch ich dich nicht verurteilen.‹ Er wird ihre Stirn küssen und sprechen: ›Meine Braut, heilige Kirche.‹«

Zu viel Kirche und zu wenig Christus

Wenn wir die gegenwärtige Kirchenkrise im Gefolge der Missbrauchsskandale nicht einfach nur hinnehmen, sondern fragen, was sie uns vom Glauben her zu sagen hat, dann sicher auch dieses: »Wir sind zu viel Kirche und zu wenig Christus« (Kardinal Schönborn). Das Kostbarste, das uns im Glauben geschenkt ist, heißt Christus, nicht Petrus. Gott lehrt uns, die Kirche realistisch einzuschätzen. Auch sie trägt ihren Schatz in »zerbrechlichen Gefäßen«.

Das Credo macht einen sehr wichtigen Unterschied, den wir im Deutschen sprachlich leider so nicht mitvollziehen. Dort heißt es: »Credo in Deum«, ich glaube »an Gott«, ich überlasse mich ihm, ich lege mein Leben in seine Hand. Dagegen heißt es bei der Kirche: »Credo ecclesiam«, ich glaube »die Kirche« – als Mittel, als Weg zum Ziel. Das A und O unseres Glaubens ist allein der dreieine Gott.

Eine überschätzte Kirche denkt Gott zu klein, als hätte Gott bei den Menschen nur dann eine Chance, wenn die Kirche mit ihren Instrumenten dazwischentritt. Gott sei Dank ist Gott viel größer. Wenn die Kirche sich selbst wichtiger nimmt als ihre Botschaft, wenn sie sich mehr liebt als Gott und den Nächsten, dann verrät sie ihren Auftrag.

Karwoche

Oder wisst ihr nicht, dass wir alle, die wir auf Christus Jesus getauft sind, auf seinen Tod getauft sind? Wir sind also durch die Taufe mit ihm begraben in seinen Tod, damit, wie Christus durch die Herrlichkeit des Vaters von den Toten auferweckt wurde, auch wir als neue Menschen leben. Denn wenn wir mit seinem Tod zusammengewachsen sind, dann werden wir es erst recht auch in seiner Auferstehung sein.

RÖMER 6,3–5

Vom Tod zum Leben

PALMSONNTAG

Wir können es drehen, wie wir wollen – das Leben ist tödlich. Alles in der Welt hat ein Ende, auch die Welt selbst. Diese schonungslose Einsicht hat nichts mit Miesmacherei zu tun. Um der Lebenswahrheit willen müssen wir sagen: »Alles was ist, hat ein Verfallsdatum. Was immer man lieben mag, man liebt etwas, das sterben muss« (M. Delbrêl). Dabei geht es nicht nur um Leid und Tod im Allgemeinen, sondern auch um das, was wir uns und anderen antun und wodurch wir uns und die Umwelt kaputtmachen. Es geht um Schuld und Scheitern.

Das Besondere des christlichen Glaubens zeigt sich in dem Mut, die Frage nach dem Leben auch im Tod zu stellen. Als Christen werden wir die unentrinnbare Macht des Todes und die tödliche Gewalt in uns und um uns weder verharmlosen noch dramatisieren. Der Osterglaube ist gerade darin erlösend, dass er uns beides zumutet: das Faktum des Todes und das mitten im Tod von Gott geschenkte Leben.

Diese Mitte des christlichen Glaubens findet in der Liturgie einmal im Jahr ihre ausdrückliche Darstellung. Die Woche von Palmsonntag bis Ostern ist geprägt von jener Spannung, in der Jesus, der Treue Gottes gewiss, mitten in tödlichen Verhältnissen jene Feindesliebe lebte, die mit ihm in die Welt gekommen ist. Wir brauchen die Tage der Karwoche, um Szene für Szene zu erfahren, wie sehr es unsere eigene Geschichte ist, die wir in der Gestalt Jesu schon erlöst sehen. Seine Sehnsucht nach Frieden und Gerechtigkeit, mit der er in Jerusalem einzieht, ist auch unsere. Sein Mut, am Gründonnerstag Brot und Wein zu teilen und sich selbst darin mitzuteilen, ist lebendige Gegenwart unter uns: »Sakrament der Liebe Gottes«. Dass er sein Leben hingab, um den Teufelskreis von Gewalt und Gegengewalt zu durchbrechen, sagt uns der Karfreitag: Jedes Sterben, vor allem das durch Gewalt, Hunger und Unrecht, gehört mit dem Tod auf Golgota zusammen. Abgründig eröffnet der Karsamstag den Blick in die Schrecken des Todes: Christus steigt hinab in das Reich der Toten, um sie herauszureißen in das Leben Gottes, das den Tod hinter sich hat. Wir glauben, dass der Tod im Tod Jesu verschlungen ist. Das ist die Botschaft der Osternacht: Mitten im Tode sind wir vom Leben umfangen.

Die ganze Karwoche gestaltet sich als ein großer Spannungsbogen, in dem der Weg vom Leben zum Tod umgekehrt wird: Vom Tod zum Leben – durch Christus mit ihm und in ihm.

Musste es so kommen?

Das musste so kommen ...«, sagen wir. »Dass sie Jesus ans Kreuz geschlagen haben, das musste so kommen. So sieht's eben aus in dieser Welt, da kann man nichts machen.« Was besagt dieses »Muss«? Meint es ein unabänderliches Schicksal, ein tragisches Verhängnis, dem niemand entrinnen kann? Werden wir von einer undurchschaubaren Macht wie Puppen am Draht gezogen? Sind wir Marionetten? Wo bleibt da unsere Freiheit und Verantwortung?

Christen sind keine Fatalisten. Der Mensch ist nicht zur Gewalttat verdammt. Dass es dazu kommt, ist nicht zuletzt seine Schuld, von Kain bis zu denen, die Jesus ans Kreuz schlagen ließen. Der christliche Glaube macht den Menschen für sein Handeln verantwortlich und plädiert damit für seine Freiheit. Er wagt es, ihn in seiner Freiheit auch dort ernst zu nehmen, wo man heute allzu schnell biologische oder gesellschaftliche und politische Zwänge am Werk sieht und sich damit aus der Verantwortung stiehlt. Die Gewalttätigkeit ist kein tragisches Verhängnis. Sicher hat sie ihre Gründe, aber sie müsste nicht sein. Man kann ihr entsagen.

Und das Kreuz? Musste es dazu kommen? Hätte Gott das nicht verhindern können?

Gott will kein Blut sehen

Jesus ist konsequent seinen Weg gegangen, frei und ohne Berechnung. Er hat sich nicht mit dem abgefunden, was ist. Er hat alles dran gesetzt, dass Gott und seinem Reich der erste Platz gebührt und jeder Mensch zu seinem Recht kommt. Er hat damit Anstoß erregt, besonders bei den Mächtigen. Er wusste, wohin das führt. Als der Konflikt sich zuspitzte, wich er nicht aus. Er brachte keine fremden Mittel ins Spiel, weder das Schwert des Petrus noch die Legionen Engel. Wehrlos ging er auf die Angreifer zu. Er litt und starb nicht, weil Leiden und Tod schön wären oder gar, weil er Lust daran gehabt hätte, sondern weil die Verhältnisse in der Welt jenseits des Paradieses so sind, wie sie sind. Das Kreuz zeigt, was an Gewalttätigkeit im Menschen steckt. Es offenbart zugleich die Gewaltfreiheit Gottes.

Gott will kein Blut sehen. Der Geruch des gewaltsamen Todes ist ihm zuwider. Als Freund des Lebens hat er kein Gefallen am Tod Jesu. Er liebt seine Schöpfung. Er will nicht, dass gerechte Menschen aufs Kreuz gelegt werden. Er spielt das böse Spiel dieser Welt nicht mit. Denn wer darin siegen will, muss Gewalt mit übermächtiger Gewalt beantworten. Jesus verzichtet darauf, mit Gewalt zu siegen.

Aus Passion

Musste es zum Kreuz kommen? Fragend stehen wir vor diesem Grundgeheimnis des christlichen Glaubens. Wir können es nicht theoretisch durch eine Formel lösen, wir können uns ihm nur durch unser Leben nähern.

Die Antike dachte, Gott könne nicht leiden und schon gar nicht sterben. Das wäre unter seinem Niveau. Widerführe ihm Leid und Tod, wäre er nicht Gott. Im christlichen Glauben offenbart das Kreuz, dass Gott durch sein Leiden und Sterben nichts an Göttlichkeit einbüßt, dass die Liebe vielmehr jeden verwundbar macht, auch Gott. Nur der kann lieben, der bereit ist zu leiden.

Das Wort »Passion« ist doppelsinnig: Leiden und Leidenschaft. Passioniert ist ein Mensch, der »hingerissen« ist. Nicht zufällig ist da vom »Riss« die Rede, vom Leiden. Keine Liebe ohne Passion! Gelegentlich sagen wir: Du, ich mag dich leiden. Es gibt zu denken, dass wir »leiden« sagen, wenn wir »Liebe« meinen. Der Gott, der liebt, macht sich verletzlich und verwundbar. Aus Liebe zu uns nimmt er das Kreuz auf sich und leidet mit uns. Aber er geht darin nicht unter, er steht auf zu neuem, unvergänglichem Leben. Gottes Liebe bewährt sich im Leiden. Er sagt uns durch das Kreuz: »Du, ich mag dich leiden.«

Gründonnerstag

Jesus, der wusste, dass der Vater ihm alles in die Hände gegeben hatte und dass er von Gott ausgegangen war und nun zu Gott zurückkehrte, stand vom Mahl auf, legte die Oberkleider ab, nahm ein Leinentuch und band es sich um. Dann goss er Wasser in das Waschbecken und begann, den Jüngern die Füße zu waschen und mit dem Leinentuch abzutrocknen, das er umgebunden hatte. Als er zu Simon Petrus kam, sagte der zu ihm: Herr, du willst mir die Füße waschen? Jesus antwortete ihm: Was ich tue, verstehst du jetzt nicht; aber später wirst du es begreifen. Petrus entgegnete: Niemals sollst du mir die Füße waschen! Jesus antwortete ihm: Wenn ich dich nicht wasche, hast du keinen Anteil an mir.

JOHANNES 13,1–8

Fußwaschung mit Konsequenzen

Warum wird am Gründonnerstag die Fußwaschung inszeniert? Ist das nicht ein liturgisches Theater? Wenn irgend jemand saubere Füße hat, dann sind es die, denen die Füße gewaschen werden. Sie haben gründlich vorgesorgt, damit sie sich ja nicht blamieren. Also: Was soll's?

Für einen Augenblick wird der feierliche Rahmen aufgebrochen und auf die Erde geholt. Die Liturgie rückt uns peinlich dicht auf den Leib. Die Handlung geschieht nicht im schwarzen Anzug oder Messgewand. Wie Jesus bindet sich der Priester die Schürze um. Er geht in die Knie. Er wäscht den Leuten nicht den Kopf, sondern die Füße, die vom Staub der Erde dreckig werden und oft auch übel riechen. Man muss sich bücken, wenn man sie waschen will, sehr tief nach unten.

Jesus ist sich dafür nicht zu schade. Er lässt das Unterste nicht unerledigt, das also, was wir oft genug überspielen, nicht wahrhaben wollen und vertuschen. Die Reaktion des Petrus ist bezeichnend. Sie hat in der Erzählung besonderes Gewicht: »Petrus entgegnete Jesus: Niemals sollst du mir die Füße waschen!« (8). Wenn man diese Drecksarbeit an sich geschehen lässt, muss man sich und anderen eingestehen: Es ist nötig, sich die Füße waschen zu lassen. Man muss den Dreck in seinem Leben anerkennen. Wer meint, er bedürfe der Fußwaschung nicht, hat keine Gemeinschaft mit Christus: »Wenn ich dich nicht wasche, hast du keinen Anteil an mir« (8). Das ist Petrus gesagt, und Petrus steht für die Kirche. Wenn sie sich die Füße nicht waschen lässt, hat sie keinen Anteil an der Versöhnung mit Gott.

Der selige Papst Johannes Paul II. hat am ersten Fastensonntag des Heiligen Jahres 2000 mit dem Schuldbekenntnis und der Bitte um Vergebung der Kirche den Weg gewiesen. Sie muss sich ihrer Schuld in Gegenwart und Vergangenheit stellen. Es geht nicht nur um die Sünden einzelner Christen, sondern auch um die Sünden der Kirche, besonders dann, wenn sie von denen begangen wurden, die im Namen der Kirche handeln. Wir sind zu einer offensiven Gewissenserforschung herausgefordert.

»Wir Christen hoffen ja nicht auf uns selber, und darum brauchen wir auch unsere eigene Gegenwart und unsere eigene Geschichte nicht immer wieder zu halbieren und stets nur die Sonnenseite vorzuzeigen, wie es jene Ideologien tun, die keine andere Hoffnung haben als die auf sich selbst« (Würzburger Synode: Unsere Hoffnung, II 3).

Karfreitag

Von der sechsten Stunde an kam eine Finsternis über das ganze Land bis zur neunten Stunde. Und in der neunten Stunde rief Jesus laut: *Eloï, Eloï, lema sabachtani?,* das heißt übersetzt: *Mein Gott, mein Gott, warum hast du mich verlassen?* Als einige von den Dabeistehenden das hörten, sagten sie: Hört, er ruft Elija! Und einer lief ihn, füllte einen Schwamm mit Essig und gab ihm zu trinken, wobei er sagte: Lasst, wir wollen sehen, ob Elija kommt, ihn herabzunehmen. Jesus aber stieß einen lauten Schrei aus und verschied.

MARKUS 15,33–38

◁ Matthias Grünewald: Der Gekreuzigte. Isenheimer Altar (ca. 1506/15). Colmar, Museum Unterlinden.

Dornenkrone statt Lorbeerkranz

Der Tod hat viele Gesichter, das ist wahr. Sie lassen die Unterschiede erkennen in der Einstellung zum Leben und zum Sterben.

Von der Unsterblichkeit der Seele überzeugt lehrt Plato, die Weisheit des Lebens liege in der Einübung des Sterbens. In Sokrates sieht er diese Kunst beispielhaft verwirklicht. Der trinkt gelassen den verhängten Schierlingsbecher und erkundigt sich nach der Wirkung des Giftes. Er ermuntert seine Freunde zur Heiterkeit. – Dem ähnelt das Bild des sterbenden Buddha: liegend, den Kopf auf einen Arm gestützt, milde lächelnd, ganz entspannt. Lehrend verabschiedet er sich von seinen Jüngern. Beeindruckende Bilder vom Sterben, vom Sterben in Würde.

Ganz anders die Passion Jesu. Am Abend vor seiner Hinrichtung geht er in den Ölgarten. Auch er ist in Begleitung von Jüngern, aber die schlafen. Er ahnt, was ihm bevorsteht – nichts Gutes. Er kämpft mit Gott, mit sich selbst, er wehrt sich mit allen Kräften gegen das, was er auf sich zukommen sieht. Todesangst schüttelt ihn. Er schwitzt Blut. Er entscheidet sich, nicht vor den heranziehenden Häschern zu fliehen. Die Entscheidung führt in ein qualvolles Sterben, in den schmählichen Kreuzestod. Da ist nichts von gelassener Heiter-

76

keit, stattdessen zeigt sich ganz brutal der Schrecken des Todes.

Das Zeichen unseres Glaubens ist nicht der strahlende Sieger, der unberührt über den Leiden der Menschen und unangefochten über seinem eigenen Schicksal steht, nicht der Held mit dem Lorbeerkranz, sondern der gekreuzigte Gottessohn mit der Dornenkrone. Er geht die dunklen Wege unserer Ohnmacht mit. Er verzichtet im Ölgarten auf das Schwert und auf die Engel-Legionen. Die Leute sagen: Wenn du der Sohn Gottes bist, dann zeig, was du kannst. Steig herab vom Kreuz. Einem Gottessohn kann doch nichts passieren. – Welch ein Irrtum! Diesem Sohn Gottes passiert fast alles, was einem Menschen passieren kann.

Es ist und bleibt für uns anstößig: Gerettet und erlöst sind wir nicht durch die Macht der Mächtigen, sondern durch die Teilnahme Gottes an unserer Ohnmacht, durch sein Mitleiden und seine Treue bis in den Tod. Damit wird die Ohnmacht nicht verherrlicht. Das Leid hat nicht aus sich heraus erlösende Kraft. Gerettet sind wir durch die Liebe, die bis zum Letzten geht. Das ist wie eine Erlösung. Das ist die Erlösung – nicht durch die Liebe zur Macht, sondern durch die Macht der Liebe.

Wenn die Mitte fehlt

Reinhold Schneider erzählt in seiner Novelle »Die Schächer ohne den Herrn«, wie 1566 bei einem Aufruhr in Flandern Heiligtümer geschändet wurden. Über Nacht schien das Heilige entweiht. Die Aufständischen vergriffen sich schließlich an einer lebensgroßen Kreuzigungsgruppe. Sie ließen die Kreuze der Schächer stehen, stürzten aber das Kreuz Jesu in der Mitte um. Sie zerschlugen das Bild des Erlösers »und schonten die Bilder der Schächer, in denen sie Abbilder ihres eigenen Wesens sehen mochten ... Die Schächer ohne den Herrn. Eine furchtbare Lücke klaffte zwischen den beiden Kreuzen; nun war auch der Reumütige verloren, dem der Herr das Paradies verheißen hatte; denn der Herr, der ihn dahin führen wollte, war ihm entrissen. Und in welcher Verlorenheit stand das Kreuz des Lästerers! Der Mittler war verschwunden, die Mitte war leer ...«

Ohne Mitte verliert sich alles im Nichts. Es ist die wahre Hölle, wenn der Hilfeschrei in letzter Not kein Echo findet, wenn das Antlitz der Zuwendung Gottes verschwindet. Der Gekreuzigte – so bekennen wir – ist »hinabgestiegen in das Reich des Todes«, um die Menschen heimzuholen in das Leben Gottes – auch die Schächer.

Ostern

Nun aber ist Christus von den Toten auferweckt worden
als der Erste der Entschlafenen.
Denn da durch einen Menschen der Tod gekommen ist,
kommt durch einen Menschen
auch die Auferstehung der Toten.
Wie nämlich in Adam alle sterben,
so werden in Christus alle lebendig gemacht werden.

1 KORINTHER 15,20–22

Und sein Angesicht
war wie die machtvoll strahlende Sonne.

OFFENBARUNG DES JOHANNES 1,16

Nicht zu fassen

Das Osterbild von Matthias Grünewald zeigt Christus, den Auferstandenen, in einer Gestalt von überirdischer Schönheit. Sie wird nicht angestrahlt, sie leuchtet von innen heraus, wie die Sonne. Auf den ersten Blick könnte man meinen, Jesu Körper habe sich in einen Astralleib verwandelt. Aber genau diesen Eindruck vermeidet Grünewald sehr bewusst. An den Wundmalen lässt er unverkennbar den Gekreuzigten erkennen. Mit Esoterik hat er nichts im Sinn. Er zeigt auch nicht die vom Leib befreite Seele im Kreis der Seligen. Ihm liegt alles daran, das Wunder einer Verwandlung anzudeuten, das sich in Jesus mit seiner unverwechselbaren Lebensgeschichte ereignet hat. Der Auferstandene ist der Gekreuzigte, dieselbe Person – ganz anders, einfach vollkommen, vollendet. »Nicht zu fassen«, sagen wir, »du kannst dir kein Bild davon machen.« Und Grünewald wagt's. Er malt, was nicht zu fassen ist. Er geht an die Grenze und weist über sie hinaus.

Die Grenze zwischen Tod und Leben ist hart wie der Stein, der vor dem Grab liegt. Da läuft sich alle Geschäftigkeit tot. Gegen den Tod ist kein Kraut gewachsen, das wissen wir. Wir können uns nicht selbst aus dem Abgrund des Todes herausholen, durch keine Macht der Welt. Die Vollendung unseres Lebens ist weder das Ergebnis einer kontinuierlichen Evolution der irdischen

◁ Matthias Grünewald: Auferstehung Christi. Isenheimer Altar (ca. 1506/15). Colmar, Museum Unterlinden.

Verhältnisse noch unsere Erfindung oder äußerste Fortschrittstat. Gott hat sie sich selbst vorbehalten. Er teilt uns nicht etwas über das ewige Leben mit, er teilt sich selber mit in Jesus Christus. Gott holt uns aus dem Tod heraus, indem sein Sohn solidarisch an unserem Leben und an unserem Tod teilnimmt. Nun hat es der Tod mit Gott zu tun. Ihm muss er das letzte Wort lassen. Jesus Christus ist der Tod des Todes.

Der Glaube an ihn schafft ein neues Lebensgefühl, ein anderes Leben. Unsere Lebensdynamik erfährt eine neue Richtung: nicht mehr nur rein biologisch vom Leben zum Tod, sondern mit Christus vom Tod zum Leben. In unserem Leben steckt mehr drin, als wir von Adam und Eva her in den Genen oder in den Knochen haben. Christi Weg ist in unseren Weg eingezeichnet, gegenläufig zum Adamsweg.

Ein solcher Lebensweg strahlt aus wie bei Grünewalds Osterbild. Die Energie kommt von innen, vom auferstandenen Christus her. Wir verpulvern unsere Energie allzu sehr in die Anstrahlung. Schade! Der Weg der Reform führt von der Anstrahlung in die Ausstrahlung.

Ostermontag

Am gleichen Tag gingen zwei von den Jüngern nach einem Dorf namens Emmaus. ... Während sie miteinander sprachen und überlegten, kam Jesus hinzu und ging mit ihnen. Ihre Augen aber waren gehalten, dass sie ihn nicht erkannten. Er fragte sie: Was sind das für Reden, die ihr da auf dem Weg miteinander führt? Da blieben sie traurig stehen. ... Er sagte zu ihnen: Ihr Unverständigen, wie träge ist euer Herz, an alles das zu glauben, was die Propheten gesagt haben! Musste nicht der Messias alles dies erleiden und so in seine Herrlichkeit gelangen? Und er begann, ihnen mit Mose und allen Propheten auszulegen, was sich in der ganzen Schrift auf ihn bezieht. Als sie sich dem Dorf näherten, zu dem sie unterwegs waren, tat er, als wolle er weitergehen. Da drängten sie ihn und sagten: Bleibe bei uns; denn es will Abend werden und der Tag hat sich schon geneigt. Da ging er mit hinein, um bei ihnen zu bleiben. Und als er sich mit ihnen zu Tisch gelegt hatte, nahm er das Brot, sprach das Dankgebet, brach und gab es ihnen. Da wurden ihnen die Augen aufgetan und sie erkannten ihn; er aber entschwand ihren Blicken.

LUKAS 24,13.15–17.25–31

Janet Brooks Gerloff:
Unterwegs nach Emmaus, 1992.

Unterwegs

Zwei Jünger sind unterwegs – geschlagene Leute! Sie lassen den Kopf hängen und sehen die Sonne nicht mehr. Von Ostern keine Spur! Im Gegenteil: Sie kehren Jerusalem, dem Ort der Kreuzigung Jesu, den Rücken, sie wandern ab. Sie wissen zwar noch zu erzählen, was Jesus gesagt und getan hat. Sie wissen alles, was man von Jesus wissen kann; aber sie können nur traurig davon erzählen. Sie haben mit all ihrem Wissen Jesus nicht.

Während die zwei niedergeschlagen und enttäuscht ihren Weg gehen, gesellt sich ein Dritter zu ihnen, als wäre er immer schon mitgegangen. Sie wissen nicht, wer er ist, sie müssen ihn neu kennen lernen. Er hört, was die beiden bewegt: Sie haben auf Jesus gesetzt und von ihm das Heil erwartet. Und nun ist er schmählich am Kreuz gescheitert. Das ist der Punkt, über den sie einfach nicht hinwegkommen. Wer so elend gehenkt wird, kann doch nicht von Gott sein. Warum muss der Gerechte am Kreuz enden, warum? Fragen, die ihnen kein Mensch beantworten kann.

Der unbekannte Dritte hört, fragt, bringt zum Nachdenken. Er weiß, wovon er spricht. Er kennt die Frage nach dem »Warum?« aus eigener Erfahrung. Er verweist auf die Heilige Schrift, öffnet den Jüngern die Augen. Muss das nicht so sein? Wer wie Jesus gegen das Leiden kämpft, der bekommt es am eigenen Leib mit dem Leiden zu tun. Der Arzt wird selbst verwundet. So will Gott die Wunden der Menschheit heilen, indem er sie selbst durchleidet.

Warum geht's anders nicht? Diese Frage ist nicht mit einem Satz zu erledigen. Sie braucht zur Antwort einen langen Weg, sechzig Stadien und mehr – ein ganzes Leben. Da gibt es keine Abkürzungen, und lange nach Ostern sind wir oft genug weit vor Ostern. Es ist gut zu wissen, dass man Gott nicht erst am Ende des Weges treffen kann, sondern schon unterwegs.

Der Abend bricht herein, nicht der Morgen. Das Gespräch unterwegs allein kommt gegen das Dunkel der Ratlosigkeiten nicht an. Deshalb die Bitte: »Bleibe bei uns ...« (29), dass wir nicht unter uns bleiben mit unseren Fragen. Als er mit ihnen zu Tisch sitzt, »nahm er das Brot, sprach das Dankgebet, brach es und gab es ihnen« (30). Da gehen den beiden Jüngern die Augen auf und das Herz. Im Brotbrechen ist er da, der ganze Jesus, die Summe seines Lebens und Sterbens, das Ganze im Fragment, in der Fraktur. An den Bruchstellen unseres Daseins offenbart sich das österliche Leben.

Ein Kraut gegen den Tod?

Seit drei Jahrzehnten gibt es in den Vereinigten Staaten Firmen, die die Möglichkeit anbieten, sich im Falle des Todes einfrieren zu lassen. Das kostet eine Stange Geld und das gesamte Erbe. Unmittelbar nach dem Tod konserviert ein Ärzteteam den Körper und lagert ihn in flüssigem Helium – atombombensicher! Sobald der Stand der Wissenschaft und Technik es erlaubt, soll er wiederbelebt werden. Hinter dem Ganzen steckt der uralte Menschheitstraum vom ewigen Leben. Neu und für die gegenwärtige Kultur kennzeichnend ist für die Anhänger der Kryogenisation die Zuversicht, dieser Traum sei mit Hilfe der Wissenschaft zu verwirklichen.

Vordenker im Bereich der Computertechnologie verkünden, in Zukunft könne jeder Mensch in Form eines Programms gespeichert und dann immer neu aktiviert werden. Marvin Minsky, einer der Protagonisten der Erforschung künstlicher Intelligenz, spricht ungeschminkt davon, durch Cyberspace den Menschen endlich von der »blutigen Schweinerei der organischen Materie« zu befreien. Bei allen Unterschieden zur Kryogenisation ist die treibende Kraft auch hier die Idee des ewigen Lebens. Was meint der christliche Glaube, wenn er vom ewigen Leben spricht?

Nicht auf Probe

Unser Credo richtet sich auf »die Auferstehung der Toten und das ewige Leben«. Es spricht nicht von einem Leben »nach dem Tod«. Gott wird unser jetziges Leben vollenden. Christen nehmen den Tod als Ende dieses Lebens ganz ernst. Deswegen nehmen sie das Leben ganz ernst. Sie lieben das Leben, nicht den Tod. Aber das Leben lieben kann nur, wer zu sterben weiß. Wer sich an das Leben klammert um jeden Preis, wer es auskosten will bis zur Neige, den hält die Todesangst im Würgegriff. Der Tod zieht uns den Teppich unter den Füßen weg und demonstriert, dass wir uns aus eigener Kraft nicht auf den Beinen halten können. Deshalb kann man weder auf Probe leben, noch auf Probe sterben. Dieses sterbliche Leben ist der Ernstfall. Es bietet die einzige Gelegenheit, das ewige Leben zu gewinnen. Nicht als ob die Seele nach dem Tod gleichsam die Pferde wechselte, um erneut ins Rennen zu gehen. Nicht als ob sie nach dem Tod den Körper hinter sich ließe wie eine ausgebrannte Rakete, um sich nun frei im Raum zu bewegen. Nicht als ob sich der Körper wie ein Maschine stilllegen ließe, um wieder angeworfen zu werden, wenn die Zeiten günstiger sind. All das sind Ausflüchte.

Ewig ist nur Gott

Christen glauben an »Gott, der die Toten lebendig macht und das Nichtseiende ins Dasein ruft« (Röm 4,17). Sie glauben nicht an die Ewigkeit des Geistes oder der Seele, nicht an die Ewigkeit der Materie und den sich erneuernden Kreislauf der Natur. Im Vertrauen auf Jesus Christus glauben sie allein an Gott. Wer glaubt, setzt im Leben wie im Sterben ganz auf ihn.

Dass Gott ewig ist, heißt nicht, er existiere schon unendlich lange und er werde noch unendlich lange weiter existieren. Was immer zeitlich existiert, ist den Bedingungen der Zeit unterworfen. Gott jedoch ist niemandem und nichts unterworfen. Er hat die Schöpfung als eine zeitlich geprägte Wirklichkeit erschaffen. Wir leben nicht nur in der Zeit, weil wir einen Körper haben, auch unser Denk- und Vorstellungsvermögen ist dadurch gekennzeichnet. Wir können die Zeit gedanklich in die Vergangenheit und Zukunft hinein verlängern, aber niemals ein Jenseits der Zeit denken. Ähnliches gilt vom Raum. Die Rede von Gottes Allgegenwart meint nicht einfach nur, er sei überall. Sie besagt, dass Gott nicht im Raum oder räumlich existiert. Denn es gibt keinen Raum innerhalb oder außerhalb des Welt-Raumes, der ihn fassen würde.

Was heißt ewiges Leben?

Einzig Gott ist ewig und allgegenwärtig. Wenn demnach der Glaube für den Menschen und die gesamte Schöpfung ewiges Leben erhofft, dann hofft er darauf, dass Gott ihnen Anteil gewährt an seinem Leben. Wenn Gott uns teilhaben lässt an seinem Leben, dann leben wir ewig wie er. Dann aber ist dieses Leben genauso unbegreiflich für uns wie Gott selbst.

Dem gilt es im Denken wie im Reden Rechnung zu tragen. Wir geraten in Sprachnot, wenn wir über das Unsagbare reden wollen, um nicht schweigen zu müssen. Ewiges Leben heißt nicht, dass es endlos so weitergeht wie bisher, es meint nicht eine Verjenseitigung des Vorhandenen. So stellen es sich diejenigen vor, die schon hier alles zu haben meinen und trotzdem nie genug bekommen; die das, was sie haben, für immer haben wollen. Anderes fällt ihnen nicht ein als ihre private Seligkeit. Christen lassen sich damit nicht abspeisen. Sie hoffen nicht auf ein Weiterlaufen des Lebens in einer jenseitigen Welt, sondern auf die Vollendung des irdischen Lebens, das mit dem Tod endet. Vollendung schließt Verwandlung ein, eine gegebenenfalls schmerzliche Veränderung. »Ewiges Leben« meint ein Leben in vollkommener Gemeinschaft mit Gott.

Blitzlichter

Doch alle Lust will Ewigkeit –, will tiefe, tiefe Ewigkeit!« (F. Nietzsche). Die Lust ist nicht zu verachten. Sie sitzt im Menschen drin, er lässt sie sich von keinem Puritaner austreiben, die Lust am Essen, an gutem Wein, an Kunst und Musik, die Lust in der Liebe und überhaupt am Leben: ein Sonnenaufgang, eine Umarmung ... Kostbare Momente, die uns ahnen lassen: Das ist das Leben. Es ist gut, solche Signale wahrzunehmen, als eine Art sinnenhafter Prophetie. Sie kräftigen den Geschmack am Leben, weiten die Sehnsucht.

Man kann sie nicht festhalten. Es ist wie beim Blitzlicht: Etwas leuchtet auf, und schon ist es wieder weg. Vieles ist heute darauf angelegt, den Augenblick der Lust auf Dauer zu stellen und nach Strich und Faden auszukosten. Doch statt »tiefer Ewigkeit« stellen sich Langeweile ein und Enttäuschung, weil klar wird, dass die erlebte Lust zwar Ewigkeit will, aber nicht selbst schon ist.

In allem ist etwas zu wenig. Da ist noch nicht »tiefe, tiefe Ewigkeit«. Da müsste die Würze noch ganz anders werden. Es fehlt, »was kein Auge gesehen und kein Ohr gehört hat und was in keines Menschen Herz gedrungen ist: Alles, was Gott denen bereitet hat, die ihn lieben« (1 Kor 2,9).

Zweite Osterwoche

Thomas aber, einer von den Zwölf, Zwilling genannt, war nicht bei ihnen, als Jesus kam. Die anderen Jünger sagten zu ihm: Wir haben den Herrn gesehen. Er entgegnete ihnen: Wenn ich nicht an seinen Händen das Mal der Nägel sehe und meinen Finger in eine Seite lege, glaube ich nicht.

Nach acht Tagen waren die Jünger wieder versammelt und Thomas war bei ihnen. Da kam Jesus bei verschlossenen Türen, trat in ihre Mitte und sagte: Friede sei mit euch! Dann sagte er zu Thomas: Reiche deinen Finger her und sieh meine Hände an und reiche deine Hand her und lege sie in meine Seite, und sei nicht ungläubig, sondern gläubig!

Thomas antwortete ihm: Mein Herr und mein Gott! Jesus sagte zu ihm: Weil du mich gesehen hast, glaubst du? Selig, die nicht sehen und doch glauben.

JOHANNES 20,24–29

◁ Ungläubiger Thomas. Relief um 1150, Santo Domingo de Silos, Kreuzgang.

Tastender Glaube

Den Tod kennen wir aus Erfahrung. Aber die Auferweckung? Die kennen wir nur vom Hörensagen. Was ist da wirklich dran? Die Frage treibt die Christen um, solange es sie gibt. Dafür steht Thomas – »der ungläubige Thomas«, wie wir sagen. Wir denken: ein Skeptiker, wie er im Buche steht. Doch so steht er gar nicht im Buch des Evangeliums. Thomas hat Fragen. Aber er frisst sie nicht in sich hinein, er bleibt im Gespräch mit den anderen Jüngern. Und die bedrängen ihn nicht im Bekehrungseifer, sie setzen ihn nicht vor die Tür, weil er unbequem ist. Er hat mit seinen bohrenden Fragen und Zweifeln Raum in ihrer Gemeinschaft. Man muss sich dort seiner Zweifel nicht schämen. Sie ist vielmehr der Ort, wo Jesus den Zweifel in Glauben überführt, indem er den Menschen ernst nimmt und abholt, wo er steht.

Thomas hat's nicht leicht mit dem Osterglauben, und er macht sich's nicht leicht. Er möchte der Sache auf den Grund gehen. Er will's wissen: Ich glaube nur, wenn ich sehe! Er will nicht nur hören, was die anderen sagen, er will sehen und berühren, um Jesus erfassen und begreifen zu können. Er will zusammenhalten, was nach christlichem Glauben zusammengehört:

Vertrauen und Erfahrung, Glaube und Vernunft, empirische Wirklichkeit und Transzendenz. Thomas will den Finger in die Wunden legen, so als ob er sich vergewissern müsste, dass der, von dessen Auferstehung die anderen erzählen, derselbe ist, den er am Kreuz hat sterben sehen, dass Gott im Leiden nicht untergegangen ist. »Wenn ich nicht an seinen Händen das Mal der Nägel sehe und meinen Finger in eine Seite lege, glaube ich nicht« (25). Was soll da verwerflich sein an dem Verlangen, mit seinen Händen wie ein Blinder sich an die Wahrheit heranzutasten, die über alles Begreifen hinausgeht? Jesus jedenfalls ist offen für den widerständigen Weg des Thomas: »Reiche deinen Finger her und sieh meine Hände an und reiche deine Hand her und lege sie in meine Seite ...« (27). Zufassen, nachfragen, sich nicht abfinden mit dem Vorgegebenen ist auf dem Weg zum erwachsenen Glauben nicht nur erlaubt, sondern geboten. Die Zumutungen an einen ehrlichen Glauben sind größer als manche Verharmlosung sich träumen lässt. Gut, dass Thomas all seine Sinne beisammen hält auf dem Glaubensweg. Das dient der Klärung, der Rechenschaft des Glaubens gegenüber Fragen von innen und außen.

Leibhaftig

MONTAG DER ZWEITEN OSTERWOCHE

Auferstehung: Was ist da wirklich dran? Ein Wunsch-traum, eine Projektion? Ein Urbild, das in unserer Seele schlummert? Bei alledem bleiben wir schließlich doch mit uns und unserer Einbildungskraft allein. Ist das alles? Oder kommt mir ein anderer entgegen? Der ganz Andere?

Thomas erfährt in seiner Osterbegegnung, dass er es mit Jesus zu tun hat. Der ist nicht einfach wieder da wie vor dem Tod, es geht nicht so weiter wie vorher. Aber er erscheint auch nicht wie ein ätherischer Lichtstrahl. Die Erzählung setzt sich klar ab von jeder Art von Esoterik, die den Leib abspaltet und ihn durch ein strahlendes Lichtkleid ersetzen möchte.

Der Christus, dem Thomas begegnet, hat seine irdische Geschichte nicht abgestreift und wie ein Kleid in den Schrank gehängt. Was er erlebt und erlitten hat, sitzt ihm nicht nur in den Kleidern. Es hat in seiner Gestalt deutliche Spuren hinterlassen. Wie könnten die Zeichen seiner Liebe verschwunden sein? Sie zeichnen ihn unauslöschlich, kennzeichnen ihn. »Caro cardo salutis – Das Fleisch ist der Angelpunkt des Heils« (Tertullian). Die Auferstehung haftet im Fleisch. Sie bricht genau dort ein, wo der Tod sitzt. Wo denn sonst?!

Tiefgang ✕

DIENSTAG DER ZWEITEN OSTERWOCHE

Nichts ist so signifikant wie die Wundmale, um Jesus wiederzuerkennen. Darum zeigt er sie den Jüngern, die sich ängstlich eingeschlossen haben, offen vor (vgl. Joh 20,20). Was Wunder, dass Thomas das Gleiche möchte. Und er geht noch weiter: Er möchte den Finger in die Wunde legen. Er will wissen, ob der Auferstandene wirklich der gekreuzigte Jesus von Nazareth ist. Mit diesem Verlangen ist er uns besonders nahe: Thomas – einer wie wir!

Wunden führen nach innen in die Tiefe. Würden sie übersprungen, der Glaube wäre flach und oberflächlich. Es sind ja gerade die Wunden, die uns im Leben zu schaffen machen: das erlittene Unrecht, Krankheit, Scheitern, die wahnsinnigen Klein- und Großkriege. Da kann man an Gott und der Welt verzweifeln.

Der Gott, an den Christen glauben, geht an den Wunden nicht vorbei, er trägt sie selbst. So fremd sie uns und unserer Zeit anmuten, sie sind uns in der Nachfolge Jesu zugemutet. Es sollte uns zu denken geben, dass Thomas sich über die Wunden an den Auferstandenen und damit an den Osterglauben herantastet. Am Ende bleibt er nicht an der Oberfläche der Haut, die Erfahrung geht ihm unter die Haut: »Mein Herr und mein Gott!« (28).

97

Ergriffen vom Unbegreiflichen

Tasten, berühren, greifen – hat Thomas den Auferstandenen damit im Griff? Wer meint, er hätte den Glauben im Griff, ist ungläubig; wie jemand, der die Liebe im Griff zu haben meint, sich längst von ihr entfernt hat. Den Auferstandenen können wir nicht wie ein Ding in den Griff bekommen. Da tut sich eine neue Dimension auf, die ist nicht mehr zu fassen. Thomas tastet sich vor, will greifen und fassen, aber dann wird er ergriffen vom Unbegreiflichen und Unfassbaren. Das Evangelium sagt nichts davon, ob Thomas der Aufforderung Christi tatsächlich gefolgt ist. Muss er durch die Begegnung mit ihm sein Sehen nicht mehr durch eine Handlung bestätigen? Thomas sieht, ohne zuzugreifen, er sieht sich erkannt und antwortet mit dem Bekenntnis: »Mein Herr und mein Gott!« (28).

Und wir? »Selig sind, die nicht sehen und doch glauben« (29). Wir haben die, die gesehen haben, einen Mann wie Thomas, dem es bei all seinen Fragen geschenkt war, Christus zu schauen. Wir dürfen ihm vertrauen. Und vielleicht gehen uns darüber die Augen auf für die Zeichen der Auferstehung unter uns. So können wir auf dem Weg des Glaubens zur inneren Gewissheit gelangen: »Mein Herr und mein Gott!«

Warum weinst du?

Maria Magdalena weint – viermal steht's da in einer sehr persönlichen Oster-Erzählung (Joh 20,11–18). Sie beugt sich in die dunkle Grabkammer, sie sieht nicht, dass die Sonne aufgeht (vgl. Mk 16,2). Ihre Trauer ist übermächtig, sie weint. Tränen sind das Grundwasser der Seele. Sie kommen aus der Tiefe, auch bei übergroßer Freude. Ob die, die das Weinen verlernt haben, sich noch richtig freuen können?

»Frau, warum weinst du?« fragen die Engel (20,13). Die Tränen haben ihren Grund. Maria hat Jesus verloren, und nun ist auch noch der Leichnam weg. Jesus war ihr »Ein und Alles«. Damit ist's aus. Soll man da nicht weinen? Wer könnte nicht nachempfinden, was das heißt, wenn man seine Hoffnung begraben hat. Das ist zum Heulen, weiß Gott.

Es geht ja hier nicht um irgendwen oder irgendetwas, sondern um Jesus. Der steht für Gott. – Haben Sie schon einmal geweint, weil Sie Jesus verloren hatten? Würde Sie das so tief treffen? Wie tief geht der Glaube? Bis zum Grundwasser Ihrer Seele? Jesus verlieren – mancher wird denken: Ich kann mir das für mich nicht vorstellen. Und dann muss er es auf einmal bei seinen Kindern erleben. Das kann einem das Herz zerreißen, das ist zum Heulen.

Wort und Antwort

Vom Leid kann man erzählen. Darum überliefern die Evangelien ausgewachsene Passionsgeschichten. Ostern ist anders, nicht etwa nur von der Stimmung her, Ostern ist von ganz anderer Art. Es sprengt unser Fassungsvermögen, unsere Kategorien von Raum und Zeit. Die Erscheinungen des Auferstandenen sind nicht zu fassen – wie Lichtblicke des Glücks. Sie blitzen auf für einen Augenblick, wie die Seligkeit einer Begegnung. Man kann sich nur hüten, die Texte durch allzu viel Erklärungen zu zerdrücken.

»Maria«, sagt Jesus (Joh 20,16), dieses eine Wort, das von Herzen kommt und zu Herzen geht, sonst nichts. Keine Belehrung, keine Erklärung in Sachen Auferstehung, sondern ganz einfach: »Maria« – dich rufe ich bei deinem Namen, du bist mein. Da gehen ihr die Augen auf. Sie ist gefunden von dem, den sie sucht. »Meister«, sagt sie, mehr nicht. So ereignet sich Ostern – in der Begegnung mit dem Auferstandenen, in Wort und Antwort der Liebe.

»Halte mich nicht fest«, sagt Jesus (17). Er ist nicht zu fassen. Ganz der alte? Eben nicht! Es geht nicht einfach so weiter wie vorher. Neues hat sich ereignet. Kaum zu glauben, nicht zu begreifen. Man kann sich »nur« ergreifen lassen.

Apostola apostolorum

Nicht zu fassen ... Wie soll man den Osterglauben anderen vermitteln? Maria wird auf den Weg geschickt: »Geh aber zu den Brüdern und sag ihnen ...« (Joh 20,17). Und sie tut's. Sie verkündet den Jüngern: »Ich habe den Herrn gesehen« (18). Die erste Osterzeugin: Apostola apostolorum, sagen die Kirchenväter. Sie gehört nicht zu den zwölf Aposteln und ist doch die Erste, die die Osterbotschaft verkündet.

Letztlich ist Ostern unsagbar. Man kann versuchen, ringsum in den Spuren zu lesen. So wird es uns auch selber gehen, wenn wir Ostern in unserer eigenen Lebensgeschichte auf die Spur kommen möchten. Unsere Wege werden unsere Wege bleiben, unsere Schwächen unsere Schwächen. Unsere Tage werden nicht zu Träumen werden, sondern zu bestehen sein, alltäglich. Und niemand von uns muss sagen oder demonstrieren, was kein Mensch in der Welt einfach vorzeigen kann. Aber vielleicht können wir anderen eine Ahnung von dem geben, was nicht zu fassen ist. Vielleicht kann mitten in den alltäglichen Dingen und über sie hinaus die Gewissheit wachsen: Du bist bei deinem Namen gerufen, von jenseits der Todesgrenze her, und du kannst antworten. Das dürfen wir weitersagen, im Namen des Auferstandenen.

Dritte Osterwoche

Simon Petrus und Thomas, Zwilling genannt, ferner Natanael aus Kana in Galiläa und die Söhne des Zebedäus sowie noch zwei andere von seinen Jüngern waren beisammen.

Simon Petrus sagte zu ihnen: Ich gehe fischen. Sie sagten zu ihm: Wir gehen auch mit dir. Sie gingen hinaus und stiegen in das Boot. Aber in jener Nacht fingen sie nichts.

Als es schon Morgen wurde, stand Jesus am Ufer. Die Jünger merkten jedoch nicht, dass es Jesus war. Jesus sagte zu ihnen: Kinder, habt ihr nichts zu essen? Sie antworteten ihm: Nein. Da sagte er zu ihnen: Werft das Netz auf der rechten Seite des Bootes aus; dann werdet ihr etwas fangen. Da warfen sie es aus und konnten es wegen der Menge der Fischer nicht mehr ziehen. Da sagte jener Jünger, den Jesus liebte, zu Petrus: Es ist der Herr!

JOHANNES 21,2–7

Am Nullpunkt

Seltsam, diese Erzählung vom Fischfang. Eigentlich ist sie keine Sonntagsgeschichte, sie zeigt Ostern im Alltag. Wie sieht's da aus mit dem strahlenden Osterereignis? Was bleibt davon übrig, wenn man am Ende wieder anfangen muss mit dem Fischen – und dann auch noch scheinbar im Trüben!

Wir wissen, wie das losging mit Jesus und seiner Bewegung. Am Anfang hatte er die Jünger weggerufen von den Netzen: »Kommt, folgt mir nach! Ich will euch zu Menschenfischern machen. Sofort verließen sie ihre Netze und folgten ihm« (Mt 4,19). Und jetzt? Zurück in alte Zeiten, wie das halt so ist, wenn man keine neue Perspektive mehr hat. »Ich gehe fischen«, sagt Petrus, und die anderen gehen mit. Die alte Umgebung, der alte Beruf, das alte Lied. Der Elan des Aufbruchs ist versackt in der Banalität des Alltags. Die Menschenfischer sind wieder auf die ganz gewöhnlichen Fische aus. War's das? Nicht ganz.

Die Sieben fahren aus, rackern sich ab, schlagen sich die ganze Nacht um die Ohren, und die Bilanz: Null! »Sie fingen nichts« (Joh 21,3). Wie sollen sie aus dem Meer der Resignation Land gewinnen, Boden unter die Füße? Wasser und Land, Diesseits und Jenseits, Enttäuschung und Zuversicht treffen in dieser Erzählung zusammen.

Als die Fischer niedergeschlagen zurückkehren, wartet im Morgengrauen ein Anderer auf sie. Noch ist ihnen nicht klar, wer er ist. Aber so viel ist sicher: In der Stunde des Misserfolgs sind sie nicht abgeschrieben, sie sind erwartet. Der Andere fragt sie offen heraus: »Habt ihr nichts zu essen? Sie antworteten ihm: »Nein« (5). Wie ein Offenbarungseid! Misserfolg ist das eine, ihn zuzugeben das andere. Oft braucht es viel Zeit, bis wir uns und anderen eingestehen können, dass die Ausfahrt im Leben den Gewinn nicht brachte, den wir erhofften. Das kann zur Gnade werden, zur Gnade des Nullpunktes: So wie's war, geht's nicht weiter. Würden wir's nur erkennen und bekennen. Die Chance unserer gegenwärtigen Kirchensituation hierzulande!

> Manchmal stehen wir auf
> Stehen wir zur Auferstehung auf
> Mitten am Tage
> Mit unserem lebendigen Haar
> Mit unserer atmenden Haut ...
>
> MARIE-LUISE KASCHNITZ

Ein Wort, das trägt

Der da am Ufer steht, lässt die Fischer nicht in ihrer Enttäuschung versinken. »Er sagte zu ihnen: Werft das Netz auf der rechten Seite des Bootes aus, dann werdet ihr etwas fangen« (6). Er mutet den Jüngern zu, sein Wort wichtiger zu nehmen als allen Augenschein, gegen alle Gewohnheiten am helllichten Tag neu aufzubrechen. Sie tun's und erfahren, dass das Wort dieses Anderen, der am Ufer steht, nicht trügt, sondern trägt und Ertrag bringt. Der Fang übertrifft alle Erwartungen. Die leeren Netze aus der Nacht sind zum Bersten voll. Wir ahnen gar nicht, was der Herr mit den leeren Netzen unseres Lebens macht, wenn wir seinem Wort Glauben schenken.

Seltsam genug: Als die Jünger ans Ufer kommen, ist das Essen auf dem Kohlenfeuer schon bereitet. Sie müssen's nicht machen, sie werden nicht mit ihrem eigenen Erfolg abgespeist. Das, wovon wir letztlich leben, brauchen wir nicht selbst zu produzieren – wir können es auch gar nicht, die Nacht der Vergeblichkeit hat es deutlich gezeigt. Zwar können wir beisteuern, was wir in unseren Netzen haben, es teilen mit allen. Aber das Brot, von dem wir in Wahrheit leben, ist nicht unser Werk, es wird uns geschenkt, wie in der Eucharistie.

Ein neuer Anfang

Die Erzählung vom Fischfang ereignet sich in der Morgendämmerung des Lebens und Glaubens. Die Jünger wissen zunächst gar nicht: Ist er's? Ist er's nicht? Es braucht seine Zeit, bis es ihnen dämmert. Erkannt wird Jesus erst nach dem überwältigenden Fang durch den, der ihn liebt. Seine Präsenz kommt zum Vorschein in der Beziehung und – schmerzlich genug – im Sich-Entziehen. Nie haben wir ihn im Griff; Ostern schon gar nicht. Wo wir nicht einfach nur so weiterwurschteln, sondern das ganze Ausmaß unserer Vergeblichkeiten und Ratlosigkeiten, unserer Kirchenaporien anerkennen und bekennen, da zeigt er sich uns von seinem Ufer her, dem Oster-Ufer. Er sendet uns, neu zum Fang auszufahren. Ein neuer An-Fang!

Das gilt nicht nur für die Kirche. Es ist jeder und jedem von uns gesagt, die wir Ostern nachspüren in unserem alltäglichen Leben. Die Zukunft, die uns die Auferweckung Jesu eröffnet, ist mehr als eine Verlängerung der vielleicht düsteren Gegenwart, mehr als der eigene Misserfolg, mehr auch als der persönliche Erfolg. Es gibt noch ganz andere Lebensmöglichkeiten als die, die in unseren Kräften stehen, Größeres, Unbedingtes, die Möglichkeiten Gottes mit uns. Davon kann man erzählen.

»Liebst du mich?«

MITTWOCH DER DRITTEN OSTERWOCHE

Fragen gibt's, die werden wir niemals los. Keine Antwort bringt sie zum Schweigen. Sie gehen zeitlebens mit uns. Sie betreffen nicht etwas, sondern uns selbst, unser Leben. Es ist, als wenn Gott selbst uns fragt aus der Tiefe unserer Existenz, so dass es uns unausweichlich und unbedingt angeht. Und wir können nur mit unserem Leben darauf antworten.

»Liebst du mich?« Wer fragt denn so etwas? Kinder und Jungverliebte – und Jesus! Er fragt nicht ganz allgemein: ›Liebt man mich heute eigentlich noch?‹, er fragt sehr direkt, den Petrus persönlich: »Liebst du mich?« (vgl. Joh 21,15–17). Und natürlich fragt er nicht nur ihn.

Es ist erstaunlich, dass Jesus gerade den Petrus fragt. Man könnte meinen, das sei eher eine Frage an den Lieblingsjünger Johannes. Nein, Jesus fragt den Petrus, nicht als Privatmann, sondern als den Inbegriff des Amtes. Er fragt ihn nicht aus persönlicher Sympathie, sondern in aller Form, weil er ihn in die Leitung der Kirche beruft: »Weide meine Lämmer!« Die Tauglichkeit des Petrus zu seinem Amt besteht darin, dass er sich von Jesus lieben lässt und dass er ihn liebt. Es ist die Grundfrage Gottes im Hauptgebot der Liebe: Liebst du mich?

Die Lebensfrage

Es ist das Geheimnis unseres Lebens, dass wir das, was uns am meisten betrifft, nie beweisen können. Gerade das, was uns unbedingt angeht, lässt sich nur im Vertrauen ausdrücken. »Liebst du mich?« Darauf kann ich letztlich nur sagen: Ich vertraue darauf, dass du es weißt. »Ja, Herr, du weißt, dass ich dich liebe« (Joh 21,15).

Die Frage nach unserer Liebe begleitet uns durch das ganze Leben. immer wieder kehrt sie zurück, Jahr um Jahr, Stufe um Stufe, entsprechend den Phasen unseres Lebens. Mal reagieren wir skeptisch und zurückhaltend, mal eindringlicher und verbindlicher. Entlang dieser Frage reifen wir, in ihr liegt der letzte Maßstab unseres Lebens.

Dreimal ist diese Frage hier gestellt, fast penetrant. Es geht eben nicht nur um die erste Liebe. Davon schwärmen wir, auch in frommer Schwärmerei. Petrus hat diese erste Liebe gekannt, in seiner stürmischen Begeisterung: »Wenn alle an dir Anstoß nehmen – ich niemals ...« (Mt 26,33). Aber dann kam die große Enttäuschung, dass es mit dem Messias und überhaupt ganz anders lief, als er sich das gedacht hatte. Es kam der Verrat, und der Hahn krähte, beim dritten Mal. Wo ist nur die Liebe geblieben?

Ja zum Schatten

Jesu Liebe trägt durch den Verrat. Sie verdrängt nicht das, was gewesen ist, sie arbeitet es auf. Man hält den Atem an: In der Stunde der Berufung ins Amt wird die Schattenseite nicht verschwiegen, sondern offen ausgesprochen. Mit der Liebeserklärung und dem Amt kommt der Verrat auf den Tisch. Die finstere Vergangenheit wird nicht unterschlagen, sondern im Fragen nach der Liebe aufgearbeitet. Petrus lernt, auch zu seinem Schatten ja zu sagen, sich selbst ohne Versteckspiele ins Gesicht zu schauen. Er darf der sein, der er ist. Er braucht die dunkle Seite nicht mehr vor sich selbst und anderen zu verstecken.

Die Liebe des Petrus gewinnt eine neue Gestalt. Sie ist nicht mehr die der ersten Stunde, die »erste Liebe«, sondern eine Liebe, die nach Höhenflügen tiefe Täler durchschritten hat, auf Abwege geraten ist. Aus den dunklen Erfahrungen kommend entscheidet sich Petrus neu, ein zweites, ein drittes Mal: »Ja, Herr!« – Vielleicht verhaltener, aber gereift und verlässlich.

»Liebst du mich?« – Manchmal fragen wir auch: Magst du mich leiden? Eigenartig, dass wir »leiden« sagen, wenn wir von Liebe sprechen. Das verwundete Herz ist das Zeichen der Liebe.

Liebe und Amt

Beißt sich das, Liebe und Amt? Hier ist keine Spur einer Trennung zwischen Amtskirche und Liebeskirche. Die Liebe, die wir fühlen, und empfinden, von der wir singen und an der wir uns freuen, will nicht nur Gefühl bleiben. Sie bindet sich, gewinnt Gestalt. Indem sie sich ins Amt hinein verleiblicht, wird sie angreifbar, anstößig. Sie ist nie die volle Verwirklichung unserer Sehnsucht, die reine Verkörperung ihres Ursprungs. Sie zeigt immer auch Schwächen, muss sich gegen Zweifel, Angriffe und widrige Umstände behaupten, sich Mängel vorhalten lassen. Sie ist dem Neid, dem Misstrauen, dem Hass ausgesetzt. Sie muss kämpfen gegen Angriffe von außen und Bedrohungen aus dem Innern. Das ist ein Kampf mit ungleichen Mitteln, da sie, wenn sie Liebe bleiben will, nicht dieselben Waffen benutzen kann wie ihre Gegner. Was kann sie der spitzen Zunge, dem gezückten Schwert entgegenhalten? Die offenen Hände, die sich binden lassen, die sich dem Angreifer entgegenstrecken, wehrlos, bereit, auch die letzten Konsequenzen dieses Weges anzunehmen. Der diesen Weg vorausgegangen ist, dem sind selber die Hände gebunden worden. Gott hat ihm alle Fesseln gelöst, selbst die Fesseln des Todes.

Vierte Osterwoche

Ich bin der gute Hirt. Der gute Hirt gibt sein Leben für die Schafe. Der Lohnknecht aber, der nicht Hirt ist und dem die Schafe nicht gehören, lässt, wenn er den Wolf kommen sieht, die Schafe im Stich und flieht – und der Wolf raubt und versprengt sie. Denn er ist ein Lohnknecht, und an den Schafen liegt ihm nichts.

Ich bin der gute Hirt und kenne die Meinen, und die Meinen kennen mich, wie mich der Vater kennt und ich den Vater kenne! Ich gebe mein Leben hin für die Schafe.

JOHANNES 10,11–15

◁ Christus als Guter Hirt. Deckenfresko, Anfang 3. Jh. Rom, Callixtus-Katakombe.

Ein Hirt, der in die Freiheit führt

Das Bild vom guten Hirten ist brüchig geworden. Wer »Hirt« sagt, sagt auch »Schaf«. Und wer möchte schon in Zeiten der Aufklärung und Emanzipation als Schaf gelten, geschweige denn als dummes Schaf dastehen, das nicht aufmüpft und geduldig alles schluckt? »Hirte« verbinden wir fast automatisch mit Herde und Herdentrieb. Hinter einem Leithammel hertrotten – das ist unter unserer Würde. Wir wollen uns nicht gängeln lassen. Wir möchten ein selbstbestimmtes Leben führen und frei sein von Bevormundung. Wir verwahren uns gegen jede Art von Fremdbestimmung. Mit Recht! Das Evangelium steht solchem Verlangen nicht im Wege, sondern fördert es. Es zielt darauf, dass Menschen erwachsen werden im Glauben, also eigenverantwortlich denken und handeln und nicht in kindische Abhängigkeit geraten. Verführt uns das Bild vom Hirten nicht dazu?

Wenn es nach Jesus geht, nicht! Sein Hirtenbild hat klare Konturen. Es qualifiziert den Hirten, aber disqualifiziert nicht die, die sich ihm anvertrauen. Der gute Hirt ist kein Kindermädchen, das Widerspenstigen auf die Finger klopft. Er will uns nicht ein Leben lang im Ställchen halten oder an die Leine nehmen. Seine

Weide ist kein enger Pferch, sondern ein weiter, offener Raum. Nicht der Pferch verbürgt den Zusammenhalt, sondern der Hirt. Er führt ins Freie und gibt in der Freiheit Halt, Schutz vor wölfischer Bedrohung. Er setzt unserer Sehnsucht ein verlässliches Ziel: »Leben in Fülle« (10,10), »ewiges Leben« (10,28). Er geht nicht etwa nur als Autoritätsgestalt voran, er geht dem Verlorenen nach, trägt es heim auf seinen Schultern und freut sich, dass er es wiedergefunden hat. Der gute Hirt kämpft um seine Herde. Wenn's zum Stechen kommt, kneift er nicht und schont sich nicht. Er setzt sein Leben ein für die Schafe (10,15.17). Darin unterscheidet er sich vom bezahlten Knecht, der sich im Ernstfall aus dem Staub macht, »weil ihm an den Schafen nichts liegt« (10,13).

Jesu Hirtenrede ist keine harmlose Schäferidylle, er riskiert damit seinen Kopf. Er zeichnet ein Selbstporträt (»Ich bin der gute Hirt« 10,11.14), das deutlich die Züge seiner Lebensgeschichte trägt bis zum Kreuz. Da hört alle Hirtenromantik auf. Hier wird das herkömmliche Hirtenbild nicht von außen durch die Emanzipationsbewegung in Frage gestellt, es wird von innen her durchkreuzt und überholt durch den guten Hirten Jesus Christus.

Nur Wolle und Fleisch?

Es gibt heute«, las ich, »zwei Arten von Hirten: Die einen interessieren sich für die Wolle, die anderen für das Fleisch. Für die Schafe interessiert sich niemand.« Ein hartes Wort! Es geht davon aus, dass die Hirten nicht ausgestorben sind, sondern nach wie vor Bedeutung haben, nicht selten eine verheerende Bedeutung. Denn dieser Art Hirten sind darauf aus, andere auszunehmen. Sie wollen ihr eigenes Schäfchen ins Trockene bringen. Was interessiert sie die Schafe? Sie denken nur ans Scheren und Schlachten. Sie mästen ihre Herden, um mehr Wolle und Fleisch zu bekommen, immer mehr. Sie interessieren sich für den Marktwert, für den Profit. Der Mensch wird »taxiert«. Er ist das, was er leistet. Je mehr er bringt, desto mehr gilt er. Wer nichts mehr leistet, wird zum alten Eisen geworfen. Wie viele fühlen sich einsam und verlassen, weil man sich nur für ihre Leistung interessiert, nicht für sie selbst.

Einer jedenfalls ist nicht an Wolle und Fleisch interessiert, sondern an den Schafen: Der gute Hirt Jesus Christus. Er verdient Vertrauen. Ich muss keine Angst haben, dass er mich abhängig hält wie ein »dummes Schaf«. Er befreit mich vielmehr von der Angst um mich selbst.

»Du bist bei mir«

Ist das Bild vom guten Hirten passé, oder sitzt es so in uns drin (archetypisch), dass es nicht auszutreiben ist? Immanuel Kant, der Exponent der Aufklärung, schreibt, es gebe kein Wort, das eine Tiefe hätte wie dieses aus dem Hirtenpsalm: »Du bist bei mir« (Ps 23,4). Was sagt uns das Bild vom guten Hirten im Spannungsfeld zwischen Selbstbestimmung und Sehnsucht nach Geborgenheit und Orientierung?

Der Zug zur Individualisierung führt nicht selten zur Vereinzelung und lässt Menschen vereinsamen. Sie fragen: Wem kann ich vertrauen? Wer hat Zeit für mich? Wer gibt mir Halt, wenn meine Kräfte schwinden? Es steckt in uns eine unzerstörbare Sehnsucht, jemandem zu begegnen, der uns achtsam und behutsam in seine Obhut nimmt, dem wir uns anvertrauen können, ohne uns zu verkaufen.

»Ich kenne die Meinen, und die Meinen kennen mich«, sagt Jesus (Joh 10,14). Der gute Hirt kennt seine Schafe, nicht mit dem Kennerblick eines Händlers (Mietlings), der darauf aus ist, sie auszuschlachten. Er ist nicht an Fleisch und Wolle interessiert, sondern an den Schafen selbst. »Er ruft seine Schafe beim Namen und führt sie hinaus« (10,3) ins Freie. Er ist einfach für sie da, ohne an Profit zu denken.

Oberhirten?

Kann man das Bild vom guten Hirten für Menschen wie uns in Anspruch nehmen? Die Bibel tut es, mit einem durchaus kritischen Unterton: Sie geißelt die Hirten, die sich selber mästen. Wie kann man dem Anspruch des Evangeliums einigermaßen gerecht werden? So einfach ist es nicht, in einem Atemzug von Jesus als dem guten Hirten und den Hirten der Kirche zu sprechen, geschweige denn von *Ober*hirten.

Die Hirten der Kirche sind in ihrem Dienst und Leben ganz und gar an den guten Hirten Jesus Christus verwiesen. Nur in seinem Namen und Auftrag können sie sich als Hirten verstehen. Nur wenn sie seine Stimme im Ohr haben und mit seiner Stimme sprechen, dürfen sie Gefolgschaft erwarten. Gottes Wort weist den Weg. In der Nachfolge Jesu gehen sie denen voran, für die sie Verantwortung tragen. Man muss spüren, dass sie nicht auf Wolle und Fleisch aus sind, sondern ihr Amt ausüben, weil ihnen an den Schafen liegt. Hierarchisches Gehabe und autoritäre Allüren verbieten sich für die, die Jesus folgen. Ihre Autorität geht so weit, wie sie durch Jesus gedeckt ist. Sie dürfen nie vergessen, dass es um die »Herde Gottes« (1 Petr 5,2) geht, nicht also um ihre eigene Domäne.

Der Ostertag der Woche

Am ersten Tag der Woche – sagen die Evangelien – begegnet der Auferstandene den Zeugen. Das ist der Ursprung des christlichen Sonntags. Vieles hat sich in der Geschichte der Christenheit geändert, aber das ist von Anfang an geblieben: Der Sonntag ist der Ostertag der Woche. »Darum kommen wir vor dein Angesicht und feiern in Gemeinschaft mit der ganzen Kirche den ersten Tag der Woche als den Tag, an dem Christus von den Toten erstanden ist« (2. und 3. Hochgebet).

Das ist der Grund, warum uns Christen der Sonntag heilig ist. Er ist nicht irgendein freier Tag, den man nach Belieben in der Woche herumschieben kann. Er steht bewusst am Anfang, vor den anderen Wochentagen. Er ist der Notenschlüssel, der die Melodie erschließt, die christliche Lebensmelodie.

Keine Melodie ohne Rhythmus. Der Sonntag bestimmt unseren Lebensrhythmus. Nach christlichem Verständnis beginnt die Woche ausdrücklich nicht mit der Arbeit, sondern mit dem Tag des Herrn. Längst bevor wir etwas leisten, sind wir. Den Durchbruch durch den Teufelskreis des Todes schaffen wir nicht selbst, das ist Gottes Tat. Dafür steht Jesus Christus. Er verbürgt uns das Leben, das den Tod nicht fürchten muss.

Wochenende?

Unbemerkt ist aus dem christlichen Sonntag als dem ersten Tag der Woche das »Wochenende« geworden. Wir wünschen »ein schönes Wochenende«.

Wochenende besagt: Wir sind am Ende. Wir ruhen uns aus, um fit zu bleiben. Gut und schön. Geht's nur darum? Dann stünde der freie Tag ja letztendlich im Dienst des Schaffens: Um betriebsfähig zu bleiben, erholen wir uns. Alles dreht sich um Arbeit und Verdienst. Das Wochenende ist den Wirtschaftsinteressen untergeordnet.

Nein, sagt der Sonntag. Der »Tag des Herrn« steht an erster Stelle. Er ist der Schlüssel zum Leben. Wir leben nicht, um zu arbeiten, sondern wir arbeiten, um zu leben. Das ist ein Riesenunterschied. Für viele ist heute der Verdienst fast alles. Er soll gar den Sinn der eigenen Existenz begründen. Der Sonntag durchkreuzt diese Fiktion vom selbstgemachten Sinn. Er ist eine geradezu therapeutische Unterbrechung. Er lässt uns aufatmen, nicht nur von der Last der Arbeit, sondern von der Last des Lebens überhaupt. Wir müssen nicht den gnadenlosen Versuch unternehmen, uns selbst zu legitimieren. Das hat Gott längst besorgt. Wir leben von seiner Gnade. Das ist unsere Rechtfertigung. Das sagt uns der Sonntag von Ostern her.

Was ist mir heilig?

Christen kommen vom Sonntag her. ›Freizeit‹ ist nur dann das, was das Wort besagt, wenn sie uns nicht nur die Freiheit von der Arbeit schenkt, sondern auch die Freiheit, zu uns selbst zu kommen und zu Gott. Eine schöpferische Pause! Sie schenkt uns ein Gefühl fürs Leben, sie hilft uns, den eigenen Standort zu klären: Wovon und wofür lebe ich? Was ist mir heilig? Ist mir Gott heilig? Ist mir das Leben jedes Menschen heilig? Es geht nicht darum, mehr zu erleben, sondern intensiver zu leben; sich nicht von Modewellen treiben zu lassen, sondern einen Standpunkt einzunehmen im Zeitgespräch.

Unterbrechungen sind lebensnotwendig. Der Sonntagsgottesdienst lädt dazu ein, die gängige Perspektive zu wechseln und das Leben mit den Augen Jesu zu sehen. Man kann das nicht dem Zufall überlassen oder von Lust und Laune abhängig machen. Wenn es sich im Leben niederschlagen soll, dann bedarf das der Beständigkeit und Treue. Nicht jeder Gottesdienst ist gut gestaltet. Nicht jeder Kuss ist der Kuss des Hochzeitstages. Aber wenn er einfach unterbliebe, weil man nicht mehr in Hochstimmung ist? Wenn die Liebe zur Beliebigkeit verkommt, dann ist's aus mit ihr. So auch mit der Liebe zu Gott.

Fünfte Osterwoche

Und ich hörte eine gewaltige Stimme
vom Thron her rufen:
Seht das Zelt Gottes unter den Menschen!
Er wird in ihrer Mitte wohnen,
und sie werden seine Völker sein,
und er selbst, Gott mit ihnen, wird ihr Gott sein.
Er wird jede Träne von ihren Augen abwischen,
und es wird keinen Tod mehr geben;
auch keine Trauer, keine Klage, keine Mühsal
wird es mehr geben;
denn das Frühere ist vergangen.
Und er, der auf dem Thron saß, sprach:
Seht, ich mache alles neu.

OFFENBARUNG DES JOHANNES 21,3–5

Alles neu

Seht, ich mache alles neu« (Apk 21,5). Gott selbst sagt das. Auf den letzten Seiten der Bibel steht dieser Spitzensatz. »Alles neu macht der Mai«, singen die Kinder. Und in Ludwig Uhland's Frühlingsglaube heißt es: »Nun muss sich alles, alles wenden ...« Schafft die Natur die große Wende? Was der Mai neu macht, sieht schon bald wieder alt aus, spätestens im November. Bleibt es also beim »ewigen Stirb und Werde«? Nein, sagt der Glaube. Gott hat noch anderes im Sinn mit der Schöpfung, jenseits unserer Möglichkeiten. Er weitet sie aus in eine neue Dimension: »Siehe, ich mache alles neu!«

Wir Christen sind im Laufe unserer Geschichte oft in den Verdacht geraten, wir wären mehr ins Jenseits verliebt als ins Diesseits, wir träumten von himmlischen Welten auf Kosten der irdischen. Aber unser Credo beginnt mit dem Bekenntnis zu Gott, dem Schöpfer des Himmels und der Erde. Die Natur hat einen hohen Wert für uns, aber sie ist Vorletztes, nicht das Letzte. Alles trägt ein Verfallsdatum, nichts ist ewig. Nichts in der Welt kann die unendliche Sehnsucht stillen, die Gott uns ins Herz gegeben hat. Christen bleiben nicht beim Vorfindlichen stehen. Sie verachten nicht das, was ist; aber sie sind darüber hinaus gespannt auf das, was kommt.

Das Stöhnen und Schreien der Schöpfung (vgl. Röm 8,22) ist zu hören. Der naturwüchsige Kampf ums Überleben ist zu sehen, mit allen Untergängen und dem Aussterben ganzer Arten, im Zeichen der Technik mehr denn je. Sollen wir die offenen Wunden, mit denen wir ja auch selbst gezeichnet sind, zukleistern und Harmonie vortäuschen? Durch blauäugige Naturromantik sind die Schmerzen nicht aus der Welt zu schaffen.

Wehen einer neuen Geburt? Wenn das so ist, dann wäre die vorhandene Natur nicht das Ende, sondern ein Anfang, eine Vorstufe; dann wäre sie nicht die leere Wiederholung des Gleichen (»das ewige Stirb und Werde«), sondern wie ein Gleichnis künftiger Herrlichkeit, auf dem Weg zur Vollendung. Noch ist nicht aller Tage Abend. Geburtswehen schmerzen zwar, aber sie lassen hoffen. Den Schmerz der Sehnsucht sollten wir nicht abtöten, sondern als Stachel der Hoffnung in uns tragen. Unsere Hoffnung greift über das Vorhandene hinaus, dorthin, wo Gott die Tränen von unseren Augen abwischt und alle, wirklich alle zu ihrem Recht kommen.

Mehr als ein Naturereignis

In der Vision, die dem Seher Johannes den Sinn seiner Sendung erschließt, erscheint Christus im Gewand des Kosmos (Apk 1,12–18). Durch die kosmischen
Mächte scheint das Antlitz der Person und durchbricht
die Gewalt des Schweigens. Alles, was die Natur auf-
bieten kann, ist nicht nur Material, sondern Medium
des Wortes. Der so Natur und Person in sich verbin-
det, ist »der Erste und Letzte«. Er hat den Schlüssel
zum Tod. Keiner hat das in unseren Tagen so genial
zum Ausdruck gebracht wie der große Naturwissenschaftler und Jesuit Teilhard de Chardin, der am Os-
termorgen 1955 starb. Durch alles, was ist und geschieht,
sah er Gottes Lebenskraft in unsere Welt strömen, und
diese Welt wurde ihm durchsichtig auf Gott (»Dia-
phanie Gottes«). »Ohne mit dem Universum zu ver-
schmelzen, wird Gott vor unseren Augen die ganze
Wirklichkeit überfluten …, wie ein Strahl einen Kris-
tall durchdringt.« Ein Osterglaube, der die Natur liebt,
aber nicht in ihr aufgeht. Ostern ist mehr als ein Natur-
ereignis. Dem Menschen, sagt der christliche Glaube,
antwortet letztlich nicht die Natur, sondern Gott mit
seinem zukunftsfähigen Wort: Jesus Christus. Er ist der
Erstgeborene der neuen Schöpfung.

Gott ist kein Nostalgiker

Das Ziel liegt nicht in der Rückkehr zum Anfang. Im christlichen Glauben geht es nicht um einen Wiederbelebungsversuch, um eine Neueröffnung des alten Gartens Eden. Gott ist kein Nostalgiker. Seine Kreation ist eine Neuschöpfung. Die Dynamik zwischen Anfang und Ziel, zwischen dem Paradies auf den ersten Seiten der Bibel und der neuen Stadt auf ihren letzten Seiten ist unverkennbar.

Es ist nicht so, als wenn dazwischen nichts gewesen wäre. Der mühsame Weg der Geschichte Gottes mit den Menschen und seiner Schöpfung verläuft sich nicht im Sande. Nichts geht verloren von den Spuren des Himmels, die eingeprägt sind in unsere vorläufige, vom Stachel des Todes gezeichnete Welt. Die Geschichte wird nicht ausgelöscht, sie kommt durch Gott ans Ziel.

Die Vision von der neuen Stadt will uns nicht in einen christlichen Tiefschlaf bringen, sondern aufwecken, dass wir dem Weg Jesu folgen. Er starb den Tod, der nicht mehr sein wird (vgl. Apk 21,4), er hat ihn in der Kraft Gottes aus den Angeln gehoben. Er hat durch seine Auferstehung die neue Schöpfung grundgelegt. Darum gilt: »Wenn jemand in Christus ist, so ist er eine neue Schöpfung: Das Alte ist vergangen, Neues ist geworden« (2 Kor 5,17).

Der neue Mensch – selbst gemacht?

Die Vorstellung von der neuen Schöpfung und vom neuen Menschen ist in der Neuzeit aus ihrem religiösen Zusammenhang herausgerissen worden und hat sich verselbständigt, sie wurde säkularisiert. Das Neue kommt nicht von Gott, es wird machbar – in der ganzen Palette vom Übermenschen Nietzsches bis zum reinrassigen Arier. Die Nazis wollten mit allen Mitteln der Eugenik eine »neue und glückliche Rasse« züchten. Nicht weniger wollten auch die Sozialisten die Welt mit ihrem neuen Menschentyp beglücken. Stalin gründete in seiner Gigantomanie eine Menschenfabrik unter Leitung des Nobelpreisträgers Ivan Pavlov – die Wiege des neuen Menschen nach sozialistischem Muster. Ob braun oder rot, immer wurde gnadenlos ausgemerzt, was nicht ins vorgefertigte Bild passt: Zuerst Unvollkommenheiten des Menschen, dann die unvollkommenen Menschen (vorab die Behinderten) und schließlich der vorgegebene Mensch, dieses unvollkommene Wesen. Man versprach paradiesische Verhältnisse und landete in der Hölle des Totalitarismus. Wer aufhört, Gott zu dienen, fängt nur allzu leicht damit an, Gott zu spielen. Man muss wohl an Gott glauben, um dem Größenwahn zu begegnen, sich wie ein Herrgott zu gebärden.

Natur pur

Für immer mehr Menschen gilt ein neues Gebot: »Halte dich an die Natur, damit es dir wohl ergehe und du lange lebest auf Erden ...« Das Zauberwort heißt Wellness. Sogenannte indianische Glückstraditionen zum Beispiel sollen eine innere Harmonie von Körper und Geist, von Mensch und Natur garantieren. Kosmetik – Bäder – Bodybuilding, in allem lockt die Natur pur. Und sie verheißt Wohligkeit und Seligkeit, nicht zuletzt Gesundheit. Die ist längst zum Inbegriff aller Sehnsucht geworden. Unsere guten Wünsche füreinander enden fast stereotyp: »Und vor allem Gesundheit. Die ist das Wichtigste.«

Nichts gegen die Natur, schon gar nichts gegen die Gesundheit. Beides sind hohe Güter. Sind sie das Allerwichtigste? In dem Maße, wie Gott heute aus dem Bewusstsein schwindet, nimmt die Natur göttliche Züge an. Viele sind versessen auf Heilkräuter und neue Heilmethoden. Fragen sie noch über die Natur hinaus, von wem das Heil zu erwarten ist?

Am Ende solcher Naturseligkeit wird die Asche der Verstorbenen in den Wurzelboden eines Baumes eingebracht. Der Wald als letzte Ruhestätte – Heimkehr in den Schoß der Natur, alles Natur! Ist die Natur alles? Nein, sagt der Glaube.

Gnadenlos

Je älter ich werde, desto mehr sträubt sich in mir alles gegen eine naive Naturseligkeit. Wenn ich vor dem Fleckchen Erde stehe, in dem meine Eltern und Geschwister begraben sind, weicht der Zauber der Natur einer großen Enttäuschung, einem tiefen Erschrecken. Ja, Blumen wachsen dort und üppige Sträucher; Bäume spenden ihren Schatten, die Naturelemente sind am Werk. Aber alles das zieht gleichgültig und interesselos über die Toten weg. Ihr Leib zerfällt in Staub, und ihre Verwesung ist so natürlich wie das Aufblühen und Verwelken der Stiefmütterchen auf dem Grab. Die Natur fragt nicht nach ihnen. Keine Erinnerung wird laut, kein Aufschrei und Protest gegen den Tod – wie wenn die Verstorbenen gedankenlos im Abgrund verschwinden und ihr Name gnadenlos ausradiert wird. So ist das mit der Menschenblume, sagt der Psalm: »Fährt der Wind darüber, ist sie dahin; der Ort, wo sie stand, weiß von ihr nichts mehr ...« (103,16). An den Gräbern vergeht alle Naturromantik. Da reicht es mir nicht zu hören: Halte dich an die Natur, sie bringt die letzte Seligkeit. Das tut sie nicht. Dieser Verheißung traue ich nicht, sie trügt.

Vollendung der Welt

Nur wenn man im Glauben eine Herkunft hat, kann man eine Zukunft denken oder zumindest ahnen, die nicht nur aus uns selbst besteht, auch nicht nur aus der Kraft der Natur und ihrer Evolution, sondern darin und darüber hinaus aus der Kraft Gottes: »... bis du kommst in Herrlichkeit«. Der Glaube setzt in den Fragen der Zukunft nicht nur auf das Heil des einzelnen Menschen, sondern auf die Vollendung der Welt. Wir dürfen diese oft verschwiegene Wahrheit nicht den Sekten überlassen, die sich in fundamentalistischer Manier darauf stürzen und daraus Kapital schlagen. Es geht nicht darum, neueste Informationen über das Ende der Welt zu verbreiten, sondern zu bezeugen, dass Gott seine Schöpfung nicht fallen lässt. Er führt sie zur Vollendung und ruft uns zur Verantwortung gegenüber den Mitgeschöpfen.

Christen binden ihre Hoffnung weder an die Natur noch an den ökonomischen Fortschritt. Es sind auch nicht die eigenen Wünsche der Vater unserer Hoffnung – Gott ist es! Die Welt und in ihr der Mensch treiben nicht auf einem unendlichen Zeitstrahl vom Urknall ins Nichts. Sie haben einen gemeinsamen Ursprung und ein gemeinsames Ziel. Sie sind Gottes Schöpfung und finden in Gott ihre Vollendung.

Sechste Osterwoche

Da entrückte er mich im Geist auf einen großen, hohen Berg und zeigte mir die heilige Stadt Jerusalem, wie sie von Gott her aus dem Himmel herabstieg, im Besitz der Herrlichkeit Gottes. Ihr Lichtglanz war wie der eines kostbaren Edelsteins, wie kristallklarer Jaspis.

Eine Mauer hat sie, groß und hoch; sie hat zwölf Tore und auf den Toren zwölf Engel, und Namen sind darauf geschrieben – die Namen der zwölf Stämme der Söhne Israels: Im Osten drei Tore, im Norden drei Tore, im Süden drei Tore und im Westen drei Tore. Die Mauer der Stadt hat zwölf Grundsteine mit den zwölf Namen der zwölf Apostel des Lammes.

Einen Tempel sah ich nicht in ihr; denn der Herr, ihr Gott, der Allherrscher, ist ihr Tempel, er und das Lamm. Auch braucht die Stadt weder Sonne noch Mond, damit sie ihr leuchten; denn die Herrlichkeit Gottes hat sie erleuchtet, und ihre Leuchte ist das Lamm.

OFFENBARUNG DES JOHANNES 21,10–14.22–23

Eine Vision

Wer Visionen hat, sollte zum Arzt gehen«, sagt Helmut Schmidt. Und wer keine Visionen hat? Der hat keine Zukunft! »Wir brauchen Visionen, keine Konzepte«, las ich in einem Wirtschaftsmagazin. Die Welt ist kein geschlossenes System. Visionen stellen Ziele vor Augen. Die neue Schöpfung, die mit Christus auferstandene Welt ist nicht auf den Begriff zu bringen. Visionen, Bilder, Metaphern lassen ahnen, worum es geht: Gottesbegegnung über die Augen. Nicht im eigenen Erleben ist für den Seher die Wahrheit begründet, sondern in der Christusgeschichte.

Was schwebt dem Visionär des letzten Buches der Bibel als Ziel vor Augen? »Seht«, sagt er, die Augen werden euch übergehen, denn zu sehen ist »das Zelt Gottes unter den Menschen! Er wird in ihrer Mitte wohnen, und sie werden seine Völker sein; und er selbst, Gott mit ihnen, wird ihr Gott sein« (21,3). Was mit der Menschwerdung Jesu begann (»und hat unter uns gewohnt« Joh 1,14), das kommt hier ans Ziel: Gott wohnt bei den Menschen. Da braucht's keine indirekte Vermittlung mehr, es geht ohne Staat und Kirche, ohne Ordnungshüter und ohne Priester, ohne Zwischeninstanzen und Paragraphen. Gott ist ganz unmittelbar zu jedem und zu allen: Gott und Mensch, sonst nichts! Er bringt die Versöhnung zwischen Kulturen, Rassen, Völkern, Generationen, Konfessionen und Religionen.

»Einen Tempel sah ich nicht in der Stadt; denn der Herr, ihr Gott ... ist der Tempel, er und das Lamm« (21,22). Der Tempel und die Kirche haben ausgedient. Sie sind ein notwendiges Provisorium, ein Notbehelf in der alten Schöpfung. Am Ende geht es um die Welt, um Gott in der Welt und um die Welt in Gott, »damit Gott alles in allem ist« (1 Kor 15,28). Ist das zu schön, um wahr zu sein?

Kann man sich vorstellen, dass Zugvögel nach wärmeren Gegenden aufbrechen, die es gar nicht gibt? Sollte Gott uns eine Sehnsucht ins Herz gelegt haben, ohne an die Erfüllung zu denken? Wenn der Atheismus Recht hätte, dann könnte man nicht erklären, warum der Mensch über Natur und Tod hinaus fragt, warum er eine unstillbare Sehnsucht nach Gerechtigkeit und Sinn für alle hat. Wenn kein Gott wäre, dann hätte die Natur in den Menschen ein unsinniges Verlangen erweckt, das nichts und niemand einlösen kann. Das kann doch nicht wahr sein.

Beten ist kein Leistungssport

Christen glauben nicht an das Gebet, sie glauben an Gott. Weil sie an Gott glauben, darum beten sie. Weshalb diese Differenzierung? Um der Klarheit willen. Es gibt Gebetsaufrufe, die den Eindruck erwecken, das Gebet sei eine Art Leistungssport: Gebetsmarathon! Es wird dazu aufgefordert, den Himmel zu bestürmen. Was geschieht da? Das Gebet verselbständigt sich zu einem Instrument in der Hand des Menschen, um auf Gott Druck auszuüben. Das darf nicht sein. Wer sind wir denn, dass wir Gott unter Druck setzen?

Derartige Gebetsaufrufe sind zumeist erfolgsorientiert, nach dem Motto: Dein Gebet verändert die Welt. Die so getrimmten Himmelsstürmer fallen oft schon bald aus allen Wolken, weil der Erfolg ausbleibt. Der hochgespannten Erwartung folgt die abgrundtiefe Enttäuschung. Wenn die Fragen: Was bringt mir das? Was habe ich davon?, das Beten beherrschen, geht es in eine falsche Richtung. Die Liebe fragt nicht nach dem Nutzen.

Weil ich an Gott glaube, darum bete ich. Das recht verstandene Gebet überlässt Gott die Verantwortung für das, was nicht in unserer Macht steht. Die Beter müssen die Welt nicht retten, sie ist gerettet durch den, der sein Leben für sie hingab.

Wozu beten?

Not lehrt beten«, sagen wir. Lehrt Not beten? Sie hat uns das Planen gelehrt. »Der kluge Mann und die kluge Frau sorgen vor« – für die Gesundheit, für das Alter und überhaupt für Lebensrisiken. Wir nehmen unser Leben selbst in die Hand. Wozu da noch beten? Es lenkt doch nur davon ab, selbst etwas zu tun. Nicht die Bitte um jenseitige Hilfe wendet die Not, sondern die diesseitige Tat. So denken viele.

Wir sind nicht die Techniker und Macher unseres Daseins. Das Leben ist voller Überraschungen. Es geht weit über das hinaus, was wir planen und ins Werk setzen. Wir leben nicht nur vom Markt. Wir leben von Vertrauen, von Hoffnung und Liebe, kurzum von dem, was nicht zu machen und zu kaufen ist. Das verändert uns – und die Welt. Wenn aber die Liebe Realität ist und Realitäten schafft, sollte dann der Dialog mit dem Ursprung der Liebe ohne Wirkung sein? Christen glauben: Am Anfang von allem steht nicht etwa nur der Urknall oder irgendetwas, sondern Gott in Person, schöpferische Liebe. Und der Dialog mit diesem Ursprung unseres Daseins ist die Achse, um die sich alles dreht. Das heißt beten. Es ersetzt nicht das eigene Tun. Aber ebenso wenig ersetzt unser Tun das Beten.

Beten will gelernt sein

Das Beten ist ein Beziehungsgeschehen. Ob Anbetung oder Bitte, ob Lob oder Klage – immer geht es um den Ausdruck und die Einübung einer lebendigen Beziehung. Wie jede menschliche Beziehung ihre Höhe- und Tiefpunkte hat, ihre Seligkeiten und ihre Entfremdungen, so ist es auch in der Begegnung mit Gott im Gebet.

»Du bist mein Atem, wenn ich zu dir bete«, singen wir. Was der Atem für das Leben ist, das ist das Beten für den Glauben. Nichts ist uns innerlicher als der Atem. Er ist wie die Lebensenergie, die uns durchströmt. Wenn unser Atem zu flach ist oder zu kurz, wenn wir Atembeschwerden haben oder gar in Atemnot geraten, bedarf es entsprechender Übungen. Das gilt nicht minder für das Beten. Was eigentlich selbstverständlich ist, kommt doch nicht von selbst. Die Jünger bitten Jesus: »Lehre uns beten« – schon damals! Beten will gelernt sein, wie eine Sprache, wie die Liebe. Und es will geübt sein in lebenslanger Weiterbildung. Der Biorhythmus allein tut's nicht, auch der Gebetsrhythmus bedarf der Pflege. Wo sind die Orte und Minuten im Tagesablauf, da wir vor Gott und bei Gott verweilen? Weniges ganz und regelmäßig zu tun, ist besser, als vieles halb und zufällig.

Christi Himmelfahrt

Die elf Jünger gingen nach Galiläa auf den Berg, wohin Jesus sie bestellt hatte. Als sie ihn sahen, warfen sie sich vor ihm nieder, einige aber zweifelten. Da trat Jesus zu ihnen, redete sie an und sagte: Mir ist alle Macht gegeben im Himmel und auf der Erde. Darum geht und macht alle Völker zu Jüngern und tauft sie auf den Namen des Vaters und des Sohnes und des Heiligen Geistes, und lehrt sie alles halten, was ich euch aufgetragen habe. Seht, ich bin bei euch alle Tage bis ans Ende der Welt.

MATTHÄUS 28,16–20

Ein Gipfelereignis

Christus begegnet seinen Jüngern oben auf dem Berg: »Mir ist alle Macht gegeben im Himmel und auf der Erde.« Ein strahlendes Gipfeltreffen. Flacher Glaube reicht da nicht hin. Ostern bringt den Durchblick aufs Ganze. Alle Macht, alle Völker, alle Menschen, alle Gebote, alle Tage.

Ist das unsere Welt, unsere Situation? In den Niederungen unseres kirchlichen Alltags sieht es anders aus. Es geht gewaltig bergab. Wie soll man das zusammenbringen: oben auf dem Berg und unten am Boden? Wir sind eingespannt zwischen Macht und Ohnmacht, zwischen Universalität des Gottesreiches und der Provinzialität unserer Eigeninteressen, zwischen Nachfolge und Trott. Da hilft kein Jammern oder Schönreden, kein Zurück- oder Voranträumen in vermeintlich bessere Zeiten. Im Hier und Jetzt liegt unsere Berufung und Chance. »Ihr Männer von Galiläa«, heißt es in der Apostelgeschichte (1,11), »was steht ihr da und schaut zum Himmel empor?« Die Jünger werden aus ihren hochtrabenden Himmelsträumen herausgerissen und nach vorn gewiesen: »bis ans Ende der Erde« (1,8).

»Mir ist alle Macht gegeben im Himmel und auf der Erde ...« Was ist das für eine Macht? Andere »Gipfelereignisse« im Leben Jesu machen das deutlich: die Bergpredigt, der Berg der Verklärung, Golgota. Jesus ist kein Machthaber nach den gängigen Mustern unserer Gesellschaft. Er hat nicht den starken Mann markiert. Er wollte die Welt von ihrem schwächsten Punkt aus retten, von den letzten Menschen her. Er ging bis zu den Sündern und Sünderinnen, zu den Aussätzigen und verlorenen Söhnen (und Töchtern). Er hat den Erweis seiner Göttlichkeit nicht dadurch erbracht, dass er mit majestätischem Wink von oben herab alles regelte, sondern so, dass er auch dem Ärmsten noch Bruder wurde.

Jesus widerstand der Versuchung, die Welt mit Gewalt in Ordnung zu bringen, er ging nicht über Leichen. Er war überzeugt, dass es besser ist, den Erfolg zu opfern als Gottes Liebe. Er war so frei, sich zu verschenken. Er beantwortete die Gewalttätigkeit der feindlichen Mächte nicht mit noch größerer Gewalt, er begegnete ihr gewaltlos. Er hat uns nicht mit Gewalt erlöst, nicht durch die Liebe zur Macht, sondern durch die Macht der Liebe. Sie ist stärker als der Tod. Sie wird in der Erhebung zur Rechten Gottes offenbar: »Mir ist alle Macht gegeben im Himmel und auf der Erde.«

Unsere Mission

Die Konsequenz, die sich aus der »Machtergrei-fung« Jesu ergibt, ist klipp und klar zum Aus-druck gebracht: »Darum geht und macht alle Völker zu Jüngern ...« (Mt 28,19). Wir sind in besonderer Mission unterwegs. Nicht um daraus Machtansprüche abzulei-ten und Machtgelüste zu befriedigen. Wir gehen nicht auf eigene Faust, nicht um unsere eigenen Interessen zu verwirklichen und andere mit unseren Privatansich-ten zu beglücken. Wir dürfen weitersagen, was uns in der Taufe geschenkt ist und was Jesus uns geboten hat (»und lehrt sie alles halten, was ich euch aufgetragen habe«, 28,20). Selbst hörend, dürfen wir reden; selbst empfangend, dürfen wir weitergeben; selbst evangeli-siert, dürfen wir evangelisieren. Wir arbeiten einem an-deren zu.

Wir dürfen um Gottes willen unsere besten Kräfte und Hoffnungsenergien nicht für uns selbst aufbrau-chen. Die Welt ist im Aufbruch, und wir sind oft so mit uns selbst beschäftigt, dass wir die Zeichen der Zeit nicht wahrnehmen. Es geht nicht nur darum, den Be-stand zu sichern, sondern Neuland unter den Pflug zu nehmen. »Geht und macht alle Völker zu Jüngern ...« Es ist Zeit, »auf Sendung zu gehen«.

Die Gretchenfrage

Sind wir »auf Sendung«? Der Kirche in unseren Breiten fehlt die Überzeugung, neue Christen gewinnen zu können. Wir haben uns vom Missionsauftrag verabschiedet. Mission ist allenfalls noch etwas für Afrika und Ozeanien, nicht aber für Frankfurt und München, denken viele. Während andere Weltreligionen in Europa ihre Missionstätigkeit entfalten, ist Missionieren bei uns fast ein Schimpfwort geworden. Was ist nur geschehen, dass wir den Auftrag des Auferstandenen als Zumutung, als Intoleranz verdächtigen? Auf Schritt und Tritt kommen wir mit Angehörigen anderer Religionen zusammen: im Kindergarten, in Schulen und bei der Arbeit. Offen oder unausgesprochen wird uns die Gretchenfrage gestellt: Wie hältst du es mit der Religion? Und wie hältst du es als Christ mit deiner Mission? Denken und sagen wir: »Soll doch jeder sehen, wie er zurechtkommt«? Das ist nicht die Sprache des Evangeliums. Dort hören wir: »Geht zu allen Völkern, und macht alle Menschen zu meinen Jüngern ...« Wir können den Menschen keinen besseren Dienst tun als ihnen Christus nahezubringen. Missionieren oder demissionieren (= abtreten), sagt Madeleine Delbrêl.

Siebte Osterwoche

Auf ihm ruht der Geist des Herrn:
der Geist der Weisheit und der Einsicht,
der Geist des Rates und der Stärke,
der Geist der Erkenntnis und der Furcht des Herrn.
Nicht richtet er nach dem Augenschein,
noch fällt er sein Urteil nach den Hörensagen.
Sondern er richtet die Geringen in Gerechtigkeit
und spricht ein gerechtes Urteil
über die Armen des Landes.

JESAJA 11,2–4

◁ Himmelfahrt Christi. Relief, Elfenbein (um 400).
München, Bayerisches Nationalmuseum.

Gottesfurcht

Von den Gaben des Heiligen Geistes ist die siebte den meisten von uns fremd, geradezu anstößig: Gottesfurcht. Furcht des Herrn? Wir sind aufgeklärte Leute. Haben die dunklen Gottesbilder nicht lange genug Menschen vergiftet? Gott ist doch kein Tyrann, kein Kinderschreck, er ist Liebe und Barmherzigkeit. Wiederholt bin ich angesprochen worden: »Wie können Sie denn noch um die Gabe der Gottesfurcht bitten? Lassen Sie das doch weg.« Nein, denn die Gottesfurcht sagt etwas sehr Wichtiges über unser Verhältnis zu Gott.

Sie kennen das Wort »Ehrfurcht«. Auch darin steckt »Furcht«, wie in der Gottesfurcht. Ehrfurcht vor dem Leben ist eine brandaktuelle Tugend. Wir erleben, was geschieht, wenn die Erde nach Strich und Faden ausgeplündert wird. Die Bäume unserer Fortschrittsbesessenheit wachsen nicht in den Himmel, sie sterben. Das Loch im Himmel – das Ozonloch – bereitet Menschen die Hölle auf Erden. Ein heilsamer Schrecken ist vielen in die Glieder gefahren, die Furcht, wir könnten die Fundamente unseres Lebens zerstören. Ehrfurcht vor der Schöpfung!

Vor vielen Jahren las ich auf einem Tabernakel: »Das Größte auf Erden ist die Ehrfurcht, denn sie ist der Kern der Liebe.« Wie ist das zu verstehen? Die Liebe ist und bleibt ein Geschenk. Wer denkt: Ich habe den anderen im Griff, greift an der Liebe vorbei. In ihr steckt die Scheu vor dem unantastbaren Geheimnis des Anderen. Es ist ein folgenschwerer Irrtum zu denken, Liebe sei unumschränkte Nähe, ohne jede Distanz. Die Ehrfurcht deutet an, dass Nähe nicht ohne Distanz zu gewinnen ist, schon gar nicht im Verhältnis zu Gott. Darum ist die Gottesfurcht eine Gabe des Heiligen Geistes.

Jede ernsthafte Beziehung lebt von einem starken Gegenüber. Sie reift in dem Maße, wie Achtung und Respekt voreinander wachsen. Das gilt erst recht für die Gottesbeziehung. Gott ist nicht jemand von nebenan. Er ist der Schöpfer, wir sind seine Geschöpfe. Gott ist Gott und Menschen sind Menschen, nicht Herrgötter.

Wer es mit Gott zu tun bekommt, der kann sich auf einiges gefasst machen. Es ist jedenfalls nicht das reine Vergnügen mit einem himmlischen Spaßmacher, den man sich unter den verlieblichenden Schalmeientönen einer esoterischen Kuschelreligion nach eigenen Bedürfnissen zurechtträumt. Den Gott, der umstandslos zu unseren Wünschen passt, gibt es im Christentum nicht.

»Fürchte dich nicht ...«

Jesus hat uns keinen »lieben« Gott nahe gebracht. Der Gott, um dessen Reich es ihm ging, steht quer zu vielem in der Welt, ist erschreckend fremd, unbequem und widerständig. Menschen, die ihm begegnen, gehen in die Knie. Kennen wir das noch? Vor wem gehen wir in die Knie? »Fürchte dich nicht«, heißt es oft, wenn Gott auf den Plan tritt. Also ist doch Grund zur Furcht. Gottesbegegnungen sind Erfahrungen an der Grenze unseres Daseins. Sie gehen durch Mark und Bein. Mit dem »Fürchte dich nicht« sagt Gott dem Menschen auch und vor allem, dass er ihm in dieser Situation vertrauen kann: »Ich bin bei dir.«

Gottesfurcht ist nicht lähmende Angst, sie ist befreiend. Wer Gott fürchtet, braucht vor keinem Menschen Angst zu haben. Umgekehrt: Wer die Gottesfurcht preisgibt, der wird von der Heidenangst überrollt.

Die Gottesfurcht ist eine Gabe des Heiligen Geistes. Gott bleibt der ganz Andere, der Unbegreifliche, der Heilige. Aber Jesu Botschaft lässt uns erahnen, dass die Andersartigkeit Gottes aus seiner abgründigen Liebe kommt. Dafür steht der Heilige Geist. Er lässt uns im Lichte Gottes erkennen – in Glück und Dank und im Erschrecken über die Welt und über uns selbst –, wie wir sein könnten und sein sollten, im Format Jesu.

»Stärke unseren Glauben!«

Wer kann die Bitte, die die Apostel an Jesus richten, nicht verstehen und aus ganzem Herzen nachsprechen: »Stärke unseren Glauben!« (Lk 17,5)? Unerschütterliche Glaubenshelden sind rar in unserer glaubensmüden Zeit. Die elementare Gottesgewissheit früherer Generationen ist ins Wanken geraten. Zweifel nagt am Glauben. Die Skepsis ist oft größer als unser Vertrauen.

»Nun bitten wir den Heiligen Geist um den rechten Glauben allermeist ...«, so singen wir (Gotteslob 248). Das ist ein Gebet. Wir bitten den Heiligen Geist zuerst und vor allem um den Glauben. Er ist nicht unser Werk, nicht unsere Leistung. Er ist ebenso wenig zu machen wie die Hoffnung, wie die Liebe. Er ist ein Geschenk des Himmels.

Damit ist unser eigenes Handeln nicht ad acta gelegt, schon gar nicht unser Denken. Der christliche Glaube ist nicht kopflos. Er bedarf der Vernunft zur Reinigung und zur Stärkung, damit wir Rechenschaft geben können von der Hoffnung, die uns bewegt (vgl. 1 Petr 3,15). Man kann nicht aus dem Stand heraus auskunftsfähig und argumentationsstark sein. Dazu bedarf es einer nachhaltigen Bildung. Das Schwimmen lernt man nicht, wenn man am Ertrinken ist. Die Glaubensschule ist das Gebot der Stunde.

Der Lebensspender

Woher kommt das Leben? Es gibt zu denken, dass unser Dasein nicht mit dem Tun beginnt, sondern mit dem Empfangen. Wir sind uns vorgegeben. Nicht wenige hadern damit: »Ich bin ja selbst gar nicht gefragt worden, ob ich überhaupt leben will.« So ist es. Niemand ist sein eigener Schöpfer. Wir haben uns nicht selbst erarbeitet, sondern sind empfangen. Das kennzeichnet unsere Existenz von Anfang bis Ende.

Unser Leben geht nicht auf in den Begriffen, die wir uns von ihm machen, nicht in den Projekten und Bildern, die wir entwerfen. Es ist mehr, als wir von ihm wissen und zu ihm beitragen können. Es versteht sich nicht von selbst. Keiner verfügt darüber, ob es gelingt und welche Erfahrungen ihm zugemutet werden. Das Leben ist mehr Gabe als Werk, mehr Geschenk als Tat.

Im Credo bekennen wir unseren Glauben an den Heiligen Geist, »der Herr ist und lebendig macht«. Das ist das Charakteristikum des Heiligen Geistes: Er ist der Lebensspender. Auf den ersten Seiten der Bibel heißt es: »Der Geist Gottes schwebte über den Wassern« (Gen 1,2). »Da formte Gott der Herr den Menschen aus Erde vom Ackerboden und blies in seine Nase den Lebensatem. So wurde der Mensch ein lebendes Wesen« (2,7). Der Geist Gottes belebt Schöpfung und Mensch.

Der Tröster

Sind wir eigentlich noch bei Trost? Wir nennen den Heiligen Geist den Tröster. Ist er uns abhanden gekommen?

Was Trost heißt, haben wir erfahren, bevor wir das Wort kannten und aussprechen konnten, von der Mutter oder vom Vater oder von einem anderen Menschen, der uns beigestanden ist. Trösten heißt, unaufdringlich nahe sein. Wer tröstet, gibt wortlos zu verstehen: Ich bin bei dir, du kannst mit mir rechnen. Trost lebt vom Vertrauen. Das englischsprachige »trust« zeigt, wie eng beides miteinander verbunden ist. Ohne Vertrauen kein Trost!

Darum der dringliche Ruf zum Heiligen Geist: »Komm, Tröster, der die Herzen lenkt, du Beistand, den der Vater schenkt ...« Beistand, das heißt: er steht zu uns. Gerade so ist er der Tröster. Er entreißt uns nicht den Konflikten und Rückschlägen im Mühen um die Erneuerung der Kirche und überhaupt in unserem Leben. Aber er ist bei uns. Das ist Trost. Unser Blick weitet sich, weil wir nicht mehr in Angst um uns selbst und in Angst vor anderen versinken. Der wahre Trost öffnet die Situation, weitet den Horizont, macht uns aufmerksam auf neue Möglichkeiten, nicht zuletzt auf die ungeahnten Möglichkeiten Gottes mit uns.

Die Kraft aus der Höhe

In den ersten Kapiteln der Bibel wird von einem Turmbau erzählt. Die Leute von Babel wollen sich einen Namen machen, sich selbst produzieren. Das ist eine unheimliche Sache: sich selbst schaffen, sich machen zu wollen. Was dabei herauskommt, ist Mache. Weil die Macher Angst haben unterzugehen und niemand zu sein, müssen sie alles dransetzen, um durch immer größere Leistungen jemand zu werden. Sie versuchen, den Zweifel an sich selbst durch eigene Leistung aufzuwiegen. Sie wollen den Himmel stürmen und fallen schließlich aus allen Wolken. Am Anfang steht die eigenmächtige Selbstdarstellung, und am Ende steht die Selbstzerstörung in der »babylonischen Verwirrung«.

Pfingsten ist der Anfang einer Alternative. Verschlossene Fenster und Türen werden aufgestoßen. Menschen strömen zusammen. Sie greifen nicht von der Erde weg nach den Sternen, sie stehen mit beiden Beinen auf dem Boden und empfangen, was nicht zu machen ist: das »Geschenk des Himmels«, die »Kraft aus der Höhe«. Da gerät etwas in Bewegung. Die Begeisterten beginnen zu reden und – obwohl sie verschiedene Sprachen sprechen – verstehen sie sich und werden verstanden. Sie fangen Feuer und brennen darauf, die Welt zusammenzuhalten.

152

Vielfalt in der Einheit

Pfingsten zeigt uns die Kirche in ihrer Geburtsstunde: Vom ersten Augenblick an spricht sie alle Sprachen und ist doch eins in demselben Geist. Das ist ihr in die Wiege gelegt – und ins Stammbuch geschrieben! Sie ist nicht universal geworden, indem sie sich im Laufe der Zeit von Land zu Land ausgebreitet hat. Sie ist es kraft des Heiligen Geistes vom Ursprung her.

Einheit in der Vielfalt, das ist Pfingsten. Gleichschaltung, Gleichmacherei, Uniformität, das ist Babel. Die selbstproduzierte technische Einheitskultur führt nicht zusammen, sondern auseinander. Die Kirche darf sich nicht auf einen Staat oder eine bestimmte Kultur festlegen, auch nicht auf Europa. Sie darf nicht nach den Erfahrungen und Vorstellungen eines Landes ausgerichtet werden. Nationalkirchen sind nicht katholisch.

Die Kirche erfüllt ihre einende Sendung nur, wenn sie für alle Völker offen ist. Wir haben nicht Kirchen in der sogenannten Dritten Welt (als hätten wir dort Kolonien), wir sind Weltkirche. Das erfordert Mut zur Vielfalt in der Einheit. Wenn die Kirche in allen Völkern lebt und alle Sprachen spricht, wird sie von selbst farbig, bunt. Das muss sie sein und bleiben, um ihrer selbst willen.

Pfingsten

Als der Pfingsttag angebrochen war, befanden sich alle am
gleichen Ort. Da entstand plötzlich vom Himmel her ein
Brausen, wie von einem daherfahrenden gewaltigen Sturm,
und erfüllte das ganze Haus, in dem sie saßen. Und es erschienen ihnen Zungen wie von Feuer, die sich zerteilten,
und ließen sich auf jeden von ihnen nieder. Alle wurden
mit dem Heiligen Geist erfüllt und begannen in fremden
Sprachen zu reden, wie der Geist ihnen zu sprechen verlieh.

APOSTELGESCHICHTE 2,1–4

Ich bin gekommen,
Feuer auf die Erde zu werfen,
und wie wünschte ich, dass es schon entfacht wäre!

LUKAS 12,49

Feuer und Flamme

Wir haben ein Problem in der Kirche. Sie denken, das ist nicht zu übersehen: Wir werden weniger und wir haben weniger. In der Tat, das beschäftigt uns pausenlos von Sitzung zu Sitzung. Und doch liegt das wahre Problem tiefer. Wir wissen nicht mehr recht, wofür wir eigentlich da sind. Uns fehlt die Überzeugung, das wir hier und heute eine Mission haben, die Mission, das Evangelium unter die Leute zu bringen. Das kirchliche Leben läuft korrekt und reibungslos, aber ohne Ausstrahlung. Das Feuer des Evangeliums ist sauber abgedeckt, durch allzu viel Ängstlichkeit und Anpassung. Da kann kein Funke überspringen.

Kann man so Pfingsten feiern? Pfingsten brennt's. »Ich bin gekommen, Feuer auf die Erde zu werfen«, sagt Jesus. »Wie wünschte ich, es würde schon brennen« (Lk 12,49). Pfingsten geschieht die Initialzündung, Menschen werden, vom Geist Jesu erfasst, »Feuer und Flamme«. Sie strahlen aus.

Manchmal sitzen wir an einem Problem und blicken nicht durch. Und auf einmal kommt die zündende Idee: »Da geht mir ein Licht auf.« Wenn das geschieht, dann erhellt sich unser Gesicht, wir strahlen. So geschieht

Mission. Sie kann nicht gelingen, wenn wir nur Werbe-
kolonnen anheuern oder Unmengen von Papier unters
Volk bringen. Sie läuft nicht primär über die Medien.
Wir selbst sind *das* Medium der Ausstrahlung Gottes.

Viele Zeitgenossen, gerade oft nachdenkliche und
spirituell hungrige, suchen den Zugang zum christlichen Glauben und zum Leben der Gemeinde. Warten
wir nur darauf, dass sie kommen, oder gehen wir zu
ihnen hin? Der Glaube lebt vom Weitersagen: Warum
bin ich Christ? Warum bleibe ich es? Was lässt mich
glauben und hoffen? Es gibt nicht nur Menschen, die
sich der Kirche entfremden und schließlich ihren Aus-
tritt erklären. Es gibt zunehmend auch Zeitgenossen,
die nach dem Eingang fragen in den Glauben und in
die Kirche. Wie erleben sie uns? Ist der Geist Jesu noch
zu spüren? Warum zündet unsere Botschaft so wenig?
Offenbar ist die Spannung weg wie bei einer alten Bat-
terie, die kaum noch etwas hergibt. Darum die Bitte:
»Komm, Heiliger Geist, ... entzünde in uns das Feuer
deiner Liebe.« Lass in Flammen aufgehen, was leeres
Stroh geworden ist. Entfache neu dein Feuer in uns, sei
du unsere Energie.

Ausstrahlung

Was uns fehlt, ist die Ausstrahlung. Die Gottesmüdigkeit, die mangelnde Glaubenslust ist unsere eigentliche Schwäche. Wir leugnen Gott nicht, aber wir rechnen auch nicht ernsthaft mit ihm. Unser Gott ist weder zu fürchten noch zum Verlieben. Fängt jemand damit an, wird er schnell in die charismatische Ecke gestellt. So reden und erklären wir alles Mögliche, aber es kommt kaum durch, was wir der Welt schulden: das Zeugnis vom lebendigen Gott. Dazu braucht's zuerst nicht ausgeklügelte Strategien und gestylte Kampagnen, sondern Leidenschaft für Gott und die Menschen. Wir haben etwas zu sagen, für das es in der Welt keine Alternative gibt.

Die Kirche ist kein Selbstzweck, sie ist kein Nischenanbieter auf dem Markt religiöser Sinnangebote. Leider ist weithin der Eindruck entstanden, sie sei nur mehr eine Veranstaltung für Kirchenleute, ein Interessenverein, der verwaltet, was er hat. Wir dürfen unsere besten Kräfte und Hoffnungsenergien doch nicht in kircheninterne Strukturdebatten verpulvern. Sie wollen zur Welt kommen. Wir schulden der Welt das Evangelium vom Reich Gottes, nicht mehr und nicht weniger. Der Bezugspunkt christlichen Handelns ist nicht die Kirche, sondern das Reich Gottes. Gott selbst ist es, der im Notruf der Mitmenschen und in den Zeichen der Zeit an die Türen unseren Kirchen, unserer Gemeinden und unserer Herzen klopft und uns auf den Weg schickt, damit wir seine Mission in dieser Welt nicht verschlafen.

In unserer Gesellschaft ist die Religion Privatsache geworden. Das darf sie nicht bleiben. Das Evangelium ist kein beliebiger Diskussionsbeitrag, es will uns zum wahren Leben befreien. Die Kunst des missionarischen Handelns besteht darin, von Herzen zum Glauben einzuladen und dabei nicht zu unterschlagen, dass es um Heil und Unheil geht, um die Zukunft der Welt und der Menschen. Müssen sich denn heute nur die rechtfertigen, die glauben? Woran glaubt, wer nicht an Christus glaubt? Wofür steht er ein? Welcher Schaden entsteht dort, wo man ohne Gott auszukommen meint? Man muss auch das »ohne Gott« verantworten, mit allen Konsequenzen für die Zukunft unserer Gesellschaft und des Menschen.

Wer sich vom Geist Gottes leiten lässt, der wird nicht beim Jammern und Klagen stehen bleiben. Er wird sich in Gottes Mission einklinken. Die »Feuer und Flamme« sind, strahlen aus. »Komm, Heiliger Geist, entzünde in uns das Feuer deiner Liebe.«

Bildnachweis